ファンを集められる
会社だけが知っている

ブランド人格

Branding with Creating Personality

Miwa Oniki
鬼木美和
株式会社大広 取締役執行役員
ブランディング ディレクター

時事通信社

はじめに

30余年、ブランドの仕事に携わってきました。

「ブランディングって難しい」
「成果が分からない」
「終わりが見えない」
そんな声を数多くいただいてきました。

そのたびに思います。**ブランドは「人」**なのだと。

「ブランド」として育てたい対象（＝企業であり、時には、事業や商品・サービスだったり…）を、モノではなく、人格を持った一人の「人」として捉えてみるとどうでしょうか？

「好きな企業」と「あまり好きになれない企業」、その違いは何だろう

よく就職活動の学生がこんなことを言います。

「御社の社風がいいなと思って……」

この〝**社風**〟なるものをもう少し詳しく訊《き》いてみると、「やさしい」「親切」「活気がある」「挑戦的」などなどの言葉が出てきます。

まるで友だちを紹介するような言葉です。

学生に限らず多くの場合、「社風」によって企業を理解し、企業を語ろうとします。きっとそれは、分かりやすく、区別しやすく、伝えやすい個性的なものだからでしょう。

私自身も、仕事を離れた一人の生活者として思い返すと、何となく「社風」が好き

で、活動を応援したくなる企業がある一方で、どんなに有名で業績が素晴らしくても、あまり好きになれない企業があります。

それは、私たちは、企業の「らしさ」「個性」を、無意識に人と同じ「**人格**」で捉えて、「信用できるか?」「共感できるか?」「仲良くなれるか?」などと、自分との関係性を選んでいるからではないでしょうか。

企業は単なる経済的組織体ではない

私はこれまで、1000社を超える企業の社是社訓・理念・社史を読みました。読んでみて気がついたことがあります。

企業は単に経済価値を生み出す存在だけではない、ということです。

どの企業も、経済価値を生むと同時に、その自社の強みを社会にとっての価値につなぎ、さらには関わる人の成長にも役立とうと願っています。

理念の中には、必ずその想いが、独自の言葉で語られていました。

その志や歩みは、まさに人の生きざまに似ています。

人間がそうであるように、企業もまた、何かしらの想い・願いを託されて生まれ、個性を育みながら成長していく。

その過程で、友人や仲間に出逢《あ》い、理解してもらい、認めてもらい、好意を持たれたい、と振る舞います。

同じ業種・業態であっても、性格も役割も違います。

歩みの過程で、賛同し支援してくれる仲間を集め、成長と変革を実現していくのです。

成長や変革を続ける企業には、固有の「ブランド人格」がある

日本企業の平均寿命は、37・5歳だそうです（参照：「帝国データバンク」日本企業のトリ

ビア　https://www.tdb.co.jp/trivia/index.html)。

「VUCA」[*]と言われる先の読めない厳しい時代に、企業が成長と変革を続け、生き永らえるためには、**自分たちが何者なのか、誰にどのように役立てるのか、という固有の「ブランド人格」**を描き、実践することが不可欠ではないでしょうか。

これまでは、自社が取り扱っている商品やサービスによって結果的に形成されたイメージに頼り、自然発生的に培ってきた「企業らしさ」というものを、ここで改めて意志を持って自覚し、棚卸しをし、新たな一歩にするのです。

そして、自社のブランドを「人格」を持った〝一人の人間〟として位置づけたとき、その表情、歩き方までもいきいきと描くことができるようになります。

われわれは誰なのか
どのような心で
誰のために

＊VUCA……変化し（=Volatility）、不確実で（=Uncertainty）、複雑（=Complexity）、曖昧・両義性がある（=Ambiguity）の頭文字を取った造語で、社会やビジネスにとって、本来の予測が難しくなる状況。

どのようにお役立ちできるのか
特徴、特技は何なのか
今どこにいて　これからどこへ行くのか
どのように見てほしいのか

まるで、画家のゴーギャンが描いた有名な作品「我々はどこから来たのか？　我々は何者か？　我々はどこへ行くのか？(D'où venons-nous? Que sommes-nous? Où allons-nous?)」に描かれる人の一生のようですが、このように自社の生きざまを語ってみませんか。

優れた「ブランド人格」とは？

魅力的な「ブランド人格」は、まず、企業に参加する全ての人々(社員も、取引先も)の意識を単なる「帰属」から「参画」へと変化させ、充足感をもたらします。

社員が自分の会社の「ブランド人格」に共感し、賛同できれば、受け身ではなく、誇りをもって能動的に行動するようになります。

もちろん、「ブランド人格」は、今いる社員だけではなく、就活生も含めた未来の社員の意識にも影響します。

企業を「ブランド人格」として明示して、それを理解し、共感して入社できれば、その絆《きずな》は強固なものになります。

取引先や顧客においても、然りです。

「何をやるか？」という事業内容だけでなく、「何のために？」という企業の志や価値観から語ることで、自社が深く理解され、信頼し合える、価値を共に創っていく仲間を得られます。

経済活動の好循環を実現する「ブランド人格」

人と人との関係性がそうであるように、「ブランド人格」によって築かれた良好な関係は、他に替えがたく、永く続いていきます。

すでに信頼され期待された存在として位置づくことによって、次の提案も受け容れられやすくなります。

つまり、「ブランド人格」を起点にした関係づくりは、一時的なイメージ・評判づくりの宣伝活動を超えて、次の提案領域を確保するための、企業における最大の経済活動です。

戦わない、
共鳴・共創のマーケティングへ

これまでマーケティングでは、よく「攻略」「奪取」「囲い込み」など軍事的な言葉が多用されていました。

私はずっとこのことに違和感を感じていたのですが、「ブランド人格」を中心に考えれば、マーケティングは、顧客の需要を奪い合う戦いではなくなるのではないかと思います。

その生きざまに共鳴し、集《つど》い、価値を共創する、次代的なマーケティングに変わっていくのではないでしょうか。

本書では、これまで長年にわたって、さまざまな視点・角度から議論されてきたブランドづくりについて、「ブランド人格」という視点で紐《ひも》解いていきます。

目次　ファンを集められる会社だけが知っている「ブランド人格」

第2章 基点となる「ブランド人格」を描き出す

第3章 「ブランド人格」が動き出す

第4章 「ブランド人格」が活きる(活かす!)

第5章 個性豊かな、多様な「ブランド人格」

第6章 ブランディングの拡がり

第1章

なぜブランディングはうまくいかないのか？

「ブランディング」が難しく感じるのは、それぞれの人で思っている「ブランド」や「ブランディング」の定義が違うからです。

　本章では、まず「ブランド」や「ブランディング」が何かを述べます。

1

そもそも「ブランド」って何？「ブランディング」って何すること？

「ブランド」について、長い歴史の中で多くの人が多くのことを論じてきました。私自身も、先人たちの書籍や論文に教えを乞うてきました。どれも「なるほど！」と思う一方で、「ブランディング」とは、とても複雑で難しいものだな、ということを思い知りました。

仕事でブランドの議論をするとき、多くのメンバーが集まると、よく話が噛《か》み合わなかったり論点がずれてしまったりすることがあります。

その原因を探っていくと、多くの場合、関わっているメンバーそれぞれが思っている「ブランド」や「ブランディング」の定義が、そもそも違っていることがその理由でした。

例えば、「ブランド」と言ったときに、ある人は商品ロゴのことを思い浮かべ、ある人はお客様が持っているイメージのことを思い浮かべている。

また、「ブランディング」の議論の際には、ある人は企業広告の課題について話し、ある人は社会貢献の活動について話している。

ブランドの話に限らず、プロジェクトをうまく進めるうえでのカギは、**まず言葉と手順をそろえる**ことだと思います。

この二つがそろえば、仮にブランドやブランディングについての意見が異なることはあっても、少なくとも論点がずれることは避けられます。

今回、ブランドについて紐《ひも》解くに当たって、まず、「ブランド」という言葉の意味を共通にしておきたいと思います。

当たり前のように使っている「ブランド」や「ブランディング」を、ひと言で説明するとしたら何と言えるでしょうか？

この問いかけに、さまざまな言葉が挙がってきます。

「らしさ」「イメージ」「評価」「評判」「信頼」「独自性」……等。

どれも間違いではありませんが、ブランドを定義するうえで一つだけ大事にしたいことがあります。

ブランドとは、商品などを通して自然発生的にできあがった印象（イメージ）ではなく、「何を成したいか？」「そのためにどう見られたいか？　どう期待してほしいのか？」という、**企業の意志に基づいて築き上げるもの**だという点です。

その意味で、「イメージ」と、「ブランド」は違うのです。

「ブランド」とは
ひと言で言えば「期待値」

「ブランド力がある」と言われる企業は、そうでない企業と何が違うのでしょうか？

日経リサーチ社が実施している「ブランド戦略サーベイ」という調査があります。その調査結果で、いつも上位に入っている「アップル（Apple）」には、「少々値段が高くても買う」という熱狂的な支持者・推奨者が数多くいます。この人たちは、「アップル」のプロダクト（製品）だけでなく、そこに込められた思想――経営者の歩みの企業ストーリーから見える思想までもよく理解し、共感し、「アップル」が取り組むことに不変の期待を寄せ続けてくれています。

このように、「アップルなら○○だ、○○に違いない」と期待されている状態がアップルの強さです。

■ 期待値の概念図

主観的 期待値とは

・好意度
・熱狂度
・関与度、など

客観的 期待値とは

例） 革新的、独創的、国際性、成長性、一流、洗練、誠実、など

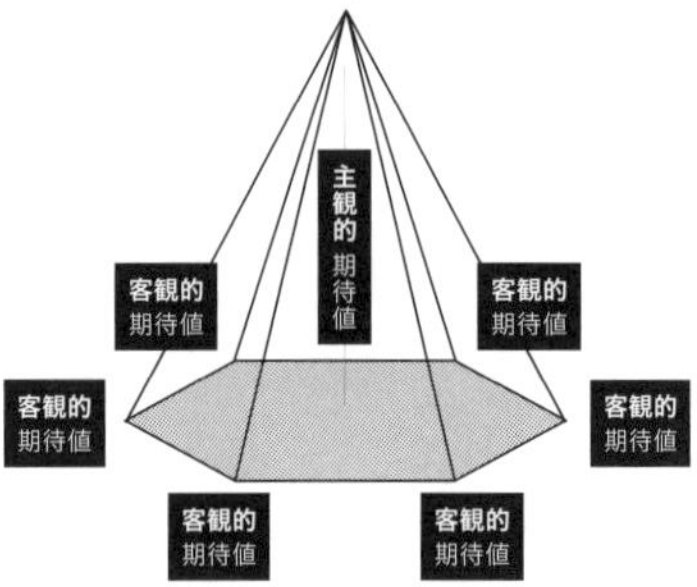

客観的 期待評価の広がりと、主観的 期待評価（情緒的関与）の高まり、によって描かれる立体の大きさが、ブランドの期待値の大きさとなる。

「ブランド」とは、ひと言で言うなら、**企業の意志に対する期待の質と量＝「期待値」**です。

そして、期待の質と量の大きさが「ブランド力」ということになります。

あくまでイメージですが、ブランドの期待値の大きさは上図で表すことができます。「そのブランドがどれだけ好きか？」「どれだけ熱狂しているか？」「自分のものだ！と確信しているか？」……といった、主観的な感情の大きさを縦軸で表します。

底辺の六角形は、ブランドに対する印象・イメージの種類とその度合いを表したものです。例えば、革新的だ、とか、独創的だと思

う、とか……、好き嫌いとは別の、客観的なイメージの方向性です。

この縦軸の長さと底辺の面積の掛け算でできる立体の体積が、ブランドの期待値の大きさだと考えると、何だか捉えどころのなかった「ブランド力」というものが、少し見えてきませんか？

「ブランディング」とは企業活動をスムーズに行うための期待値づくり

想像してみてください。

あなたが何か新しい活動をしようとしたとき、全く面識のない相手にイチから説明し説得する場合と、すでに自分をよく理解してくれている相手に待ち望まれている状態の場合、どちらに労力がかかるでしょうか？　どちらに受け容れられる可能性が高いでしょうか？

当然、後者のほうが、あなたの提案は比較的容易に受け容れられるでしょう。

企業も同じです。

想定した顧客に、「あの企業は、あの商品は、きっと○○だろう。○○のはずだ」と望まれている状態であれば、その活動は支持され、永続きします。

多くの企業は、できるだけ自分たちの活動をスムーズに進めるために、日ごろからお客様やステークホルダー、ひいては社会からの期待値づくりの活動を続けています。

これが「ブランディング」です。

改めて整理します。

- **「ブランド」＝お客様やステークホルダー、社会からの期待値**
- **「ブランド力」＝その期待値の質と量**
- **「ブランディング」＝期待値づくりの活動**

「ブランド人格」を紐解く本書では、ブランディングを「**期待値づくり**」と定義して話を進めます。

2

何のために「ブランディング」をやるの？

どんな企業にもブランディングは必要でしょうか？

答えは「Ｎｏ」です。

何かしらの経営課題を抱え、変革に取り組む企業にとっては、それを成し得るための新たな期待づくりがカギになりますが、順風満帆で現状維持でよいと考える企業にはあまり必要ないことでしょう。

なぜなら、すでに必要十分な仲間の期待があるからです。

しかし、残念ながら、環境が目まぐるしく変わるこの時代の今、「現状維持でよい」とする企業にあまり出会ったことはありません。

ほとんどの企業が、新たな一歩をどのように踏み出そうか、絶えず悩みながら進んでいます。

言い方を変えれば、「自分たちは次に何をめざすのか?」、そのために「誰にどのように期待されたいのか?」を自覚するところから、ブランディングは始まります。

単なるイメージづくり、評判づくりではない

「ブランディングは単なるイメージづくりではない」と、先ほど言いました。

それは、**企業の意志**が大事だからです。

ブランディングが、企業の意志に基づく期待値づくりだとすれば、そこには、**期待に応える提案権**が生まれます。

提案権というのは、市場においてバッターボックスに立つ権利のようなものであり、企業にとっての生命線です。

その意味で、ブランディングは、単なるイメージづくりのコミュニケーション活動ではなく、全ての企業努力を成果につなげ、**次の時代も生き続けるための経済活動そのもの**だと言っても過言ではありません。

つまり、ブランディングは、宣伝や広報などのコミュニケーション部門だけが預かるミッションではない、ということです。

「ブランディング」には三つの原則がある

原則1　「企業の価値」は、「社会にとっての価値」に変換されて初めて、その意味を持つ

どんなに素晴らしい価値を持つ企業でも、それが独りよがりであっては意味を成しません。それが「社会・お客様にとってどんな価値をもたらすのか？」という、社会

に対する自己紹介として明確に文章に書き示されることで初めて、その存在理由が証明されます。

原則2 「社会にとっての価値」は、「社会からの期待値」として位置づいたとき、よりいっそうその意味が増幅される

「社会にとっての価値」として自らの存在理由を明らかにした自己紹介を、お題目ではなく実践し証明し続けることによって、今度は社会からの「期待値」が積み重なっていきます。これは、市場における貯金のようなものです。

その「期待値」が強い絆《きずな》となって、企業と社会とを結び付けていきます。

原則3 企業は築いた「期待値」と等量の、社会に対する提案権を持つことができる

期待値という貯金があれば、商品／サービスなどの提案を通して、その企業努力の成果を市場から回収できます。

逆を言えば、**期待値と等量分しか提案権を持てない**ということになります。

■ 三つの原則の概念図

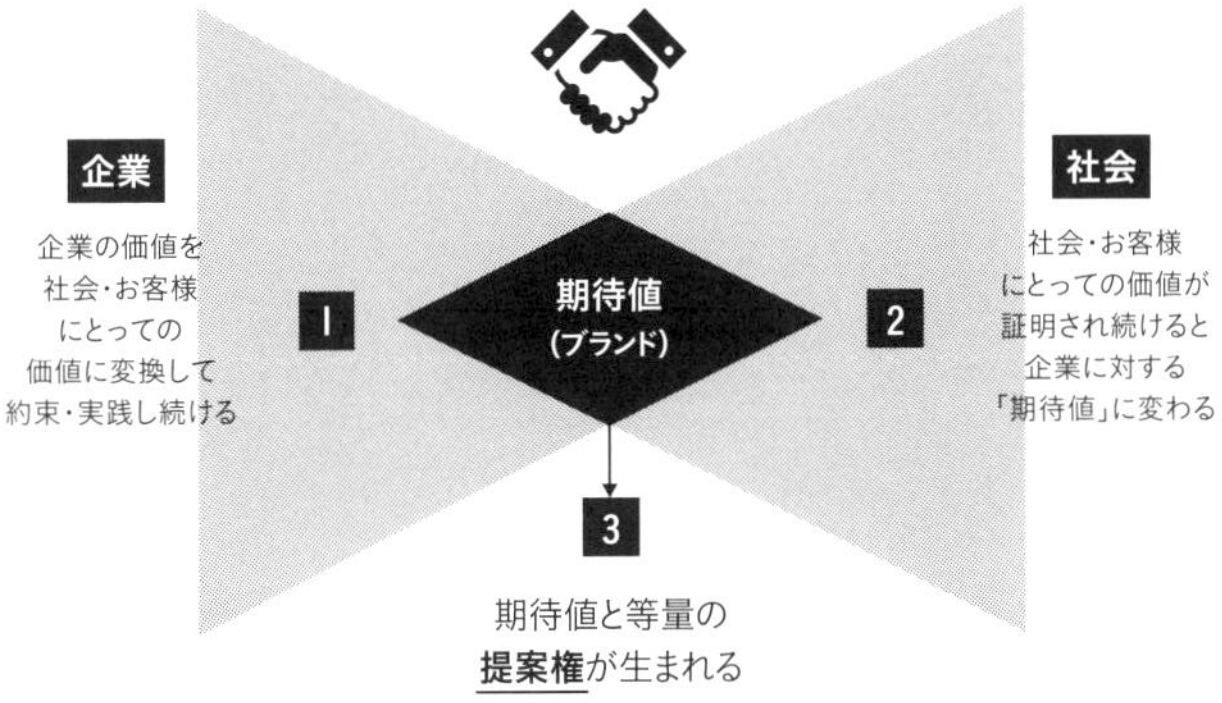
企業
企業の価値を
社会・お客様
にとっての
価値に変換して
約束・実践し続ける
社会
社会・お客様
にとっての価値が
証明され続けると
企業に対する
「期待値」に変わる
1
期待値
（ブランド）
2
3
期待値と等量の
提案権が生まれる

現在の企業活動が支持され、その続行が許され、次の時代の生存領域を確保することができるのです。

「ブランド力＝期待値」は、必ずしも企業規模と一致しません。

「どの分野を任されているか？」という視点が重要です。

例えば、日本を代表する日用品メーカーが、技術力だけに頼って、情報機器の分野に進出したとき、市場からはなかなか受け容れられず、最終的には事業を撤退したことがありました。これまで期待されていた分野とは違う、〝期待の飛び地〟に出ていったからです。

一方で、これも日本を代表する写真フィルムメーカーが、市場の変化を予測し、技術を応用して化粧品や医療分野に進出しました。こちらも、期待の飛び地に出て行ったので当初はなかなか受け容れられませんでしたが、「なぜ自分たちがこの分野で貢献できるのか？」「何を任せてほしいのか？」という期待づくりの活動を丁寧にやり続けた結果、今では安定したブランド力を市場で築いています。

このように、「期待に応える提案権を持つ」ということは、企業規模の大小ではなく、原則1、2、3で示す通り、その企業の意志と社会・お客様からの期待の重なりが大事だということです。

「ブランディング」による三つの効果

自分たちが望むような期待を築けたら、どのような効果があるのでしょうか？

効果1　社会承認効果　～社会での役割が認められる

三つの原則のところでもふれた通り、期待されると、それに応える提案権が生まれます。

それはつまり、企業が社会の一員として認められ、受け容れられ、価値を提案するポジショニングが許されるということです。

効果2　競争効果　～「その商品・サービスなら、ここ！」と選んでもらえる

期待に応えるための提案は、「社会に積み上げられた期待値」というイメージ資産によって、競合他社がその市場に参入しようとした際の障壁（ハードル）を築いておけます。

その企業の個性が他社と比べて優れて認識された状態ですので、競争力を獲得できるのです。

効果3　敗者復活・トラブル回復効果　～トラブルに強く、敗者復活も可

ブランディングの効果が発揮されるのは、平常時ばかりではありません。

むしろ緊急事態が発生した際に、ブランド力が効果を発揮します。企業が活動するうえでは事業事故や商品回収など、思わぬトラブルが必ず発生してしまいます。ブランド力が高い企業の場合、社会的なトラブルが生じた緊急時に、一度壊れてしまった顧客やステークホルダー・社会との関係を修復し回復する執行猶予を許される効果があります。

もちろん、期待が大きい分、「期待を裏切られた」という一時的ながっかり感は大きいのですが、きちんとお詫《わ》びをし、再発防止の対応を適切に取ることで、再生のチャンスが与えられるのです。

逆に、ブランド力が弱い企業がトラブルを起こした場合、一度の事故で、市場から淘汰《とうた》されてしまうこともあります。

例えば、皆さんもよく利用されている「ヤマト運輸」。

この会社は、先にご紹介した「日経リサーチ・ブランド戦略サーベイ」で、いつもコンシューマー部門の10位以内にランキングされ、消費者から高い評価を得ていましたが、あるとき、労災や請求の不祥事などが発覚し、一気にブランド評価が下がりました。

しかし、これまで長年にわたって培ったブランドへの期待と、的確なお詫びと再発防止への素早い動きが奏功し、わずか1年でまた上位に返り咲いています。

これまでに、不祥事発覚で順位が急落した企業は他にもたくさんありますが、なかなかこれほど短期間に回復できた企業は見当たりません。

ヤマト運輸がすぐにブランド評価を回復したのは、不祥事発覚後の速やかな対応に対する評価と、長年のブランド資産によるモラトリアム効果が最大限発揮された結果ではないかと思います。

ブランディングの「16のチャンス」

ブランディングによって生まれるチャンスを、さらに細かく見ていきましょう。

大きく分けると、まず《経営課題》でのチャンスです。

例えば、

①社会資本をきちんと取得できる
②良い人材（人財）を確保できる
③強固な財務体質を築ける
④社員たちの参画意欲を喚起できる

などで、経営力を強くできます。

次に、《B to B取引》でのチャンスとして、

⑤取引先との関係を維持・拡大できる
⑥全く新しい取引を生み出せる

などがあります。

⑦今いる業界から違う業界に転進する
⑧事業分野を新しく拡げる

などの《事業課題》でのチャンスも重要です。

そして、最も多いのは《マーケティング課題》におけるチャンスでしょう。
例えば、
⑨新しい商品・サービスを提案する
⑩既存商品を長く成功させる
ことはもちろん、
⑪価格決定の主導権を持つことができる
⑫新しい売場・売り方をつくる
⑬新しいプロモーションを生み出す
ことも可能になります。また、
⑭ディマーケティング、つまり、今ある商品を撤退し、次の新たな商品に差し替えることも可能になります。

さらに、《社会課題》でも、
⑮拠点や工場がある地域と支援関係を築ける
⑯行政や業界団体の規制など、社会的なルールづくりに参画する

■ ブランディングの「16のチャンス」

経営課題
① 社会資本の取得
② 人的資源の創出
③ 財務体質の強化
④ インナー参画意欲の喚起

BtoB課題
⑤ BtoBの関係維持と拡大
⑥ 新しいBtoB取引創出

事業課題
⑦ 業界転進への足がかり
⑧ 新業界への進出

マーケティング課題
⑨ 新商品・サービスの創出
⑩ 既存商品の延命
⑪ 価格決定権への関与
⑫ 新流通の創出と複合化
⑬ 新プロモーション開発
⑭ ディマーケティング支援

社会課題
⑮ 地域融和化
⑯ 社会ルールづくりへの参画

という機会も生まれます。

このようにブランディングによって、さまざまなチャンスが生まれますが、全ての機会を総花的に生み出すことは難しく、自分たちの課題と照らし合わせて必要なチャンスの優先度と活かす順番を考えてみましょう。

そうすれば、自ずと、自社ならではのブランディングの目的がもう少し鮮明になってくるはずです。

それぞれの企業独自のブランディングの目的がある

ブランディングにはこうしたいくつもの効果がありますが、効果を一気に手に入れようとすると、多くの時間と労力がかかります。

そもそも、企業・事業・商品が置かれている成長ステージや経営課題によって、期待されたい相手と、必要な期待値が異なるので、ブランディングの目的・やり方は異なります。

自社の課題を明確にせずにブランディングを行うと、相手も、必要な活動も幅広くなってしまうので、効果・効率が悪くなってしまいます。

これまでに実際にあったブランディング課題の一例を挙げてみます。

■良質な（ポテンシャルのある）人材（人財）を確保したい企業

特に、学生にとって身近でない商品・サービスを扱う企業（BtoBや耐久消費財メーカー等）では、自社の社会的役割や技術・研究力などを語り、認知／関心／期待をつくる。

■事業の領域を拡大しようとしている企業

食品から化粧品へ、繊維から医療へ、等、事業分野を拡げ、進化させるため「なぜこの企業が・この分野を」という必然性を語り、新しい提案権を獲得する。

■価格競争から脱却したい企業

業界全体が同質化し価格競争に陥ってしまった日用品や食品・飲料メーカーなどが、独自のモノづくりや品質の高さ、商品連鎖での役立ちを語り独自のポジションを築く。

■他社との業務提携やM＆Aを検討している企業

自社の社会的役割や独自性を語ることで、市場価値を高めてステークホルダーから支援を集める。

■統合や分割で組織が大きく変わった企業

新しく生まれた部門・組織や会社の、使命・ビジョンを社内外に発信・共有し、関わる人の誇りと自信を高める。

■経営者が代替わりする企業

これまでのブランド資産を活かしつつ、新たなビジョンを打ち出すことで、社会の期待を増幅させ、成長を加速させる。

■健康食品や製薬など法規制の厳しい業界の企業

業界ルールづくりに影響を与えるステークホルダーに対して、自社の志と実績や技術・研究力の高さを語り、信頼と期待をつくる。

■ **製品事故で社会からの信頼を失った企業**

（事案に関してしっかりお詫びした後）改めて、想い・願い、姿勢を語り、再生への基盤をつくる。

まだまだ挙げられます。

それぞれに課題が違えば、ブランディングの相手も活動も違うことが分かっていただけたでしょうか。

つまり、ブランディングとは　**極めて企業に応じた個性的なもの**であり、「何のために今、ブランディングが必要なのか？」という、自社の目的を明確にするところから全てが始まります。

3

なぜ「ブランド」の議論はいつも途中で行き詰まるの？

この章の冒頭で、「ブランドをめぐる会議で、議論が噛み合わないことがよく起こる」という話をしました。

議論が噛み合わないだけでなく、途中で迷路にはまったり、行き詰まったり、成果が見えずに途中で止めてしまったり、というケースも多いのではないでしょうか。

まず、何のために？
その企業・商品ならではの目的を明らかに

ブランディングをうまく推進するカギは、何よりも自社固有の目的を明らかにすることです。

「本当に、今、自分たちにブランディング＝新たな期待づくりが必要か？」という問いを立ててみるのです。

そのために、まず自社の課題を点検してみましょう。

先に挙げたブランディングによって生まれる「16のチャンス」に照らし合わせて、課題を洗い出してみましょう。

次に、洗い出した課題の中から、

■ 16のチャンスに照らし合わせた課題

		例
企業課題	①社会資本の取得	スムーズな資金調達
	②人的資源の創出	求職者の質・量の確保
	③財務体質の強化	キャッシュフローの改善
	④インナー参画意欲の喚起	グループ会社社員の求心力強化
BtoB課題	⑤BtoBの関係維持と拡大	業務用事業の取引先拡大
	⑥新しいBtoB取引創出	新しい直販取引の開拓
事業課題	⑦業界転進への足がかり	中核事業の転換
	⑧新業界への進出	食品から美容領域への拡張
マーケティング課題	⑨新商品・サービスの創出	新発売商品の成功
	⑩既存商品の延命	ロングセラー商品のさらなる強化
	⑪価格決定権への関与	流通における価格競争の脱却
	⑫新流通の創出と複合化	D2C事業への参入
	⑬新プロモーション開発	オンオフ統合の顧客体験
	⑭ディマーケティング支援	旧ブランドの改廃
社会課題	⑮地域融和化	新設工場の誘致
	⑯社会ルールづくりへの参画	品質基準、健康食品基準づくりへの参画

・今、特に優先度の高い課題、急いで解決すべき課題を選択する。
・挙げた課題の相関・連鎖を考える。
・優先課題を解決するためには、誰にどのように期待される必要があるかを考える。

こうすることで、自社ならではの課題の全体像や各々の優先順位と、ブランディングの目的が見えてきます。

「ブランディング」の課題と目的は企業それぞれの個性

そもそもの「ブランド」という言葉は、牛などの家畜に焼印をつける「Brandr（古ノルド語）」が語源だと言われています。

自分の家畜と他人の家畜を間違えないよう、焼き印を押して区別していた所有を表すものから、やがて生産者を識別する記号へとブランドは発展していきました。

そこからさらに品質保証や、価値観やテイストによる差別化へと、ブランドの重要性は高まっています。

ブランディングには時々、ブームがやってきます。

かつては「CI（コーポレートアイデンティティ）」が注目された時代がありました。

CIの本来の意味は、企業文化を構築し、特性や独自性を統一されたイメージやデザイン、また分かりやすいメッセージで発信し、社会と共有することで存在価値を高めていく企業戦略の一つです。

ただ、あまりにもCIが流行ったので、さして自社にとっての必然性を検討しないままに、プロジェクトとしてCIに取り組み、貴重な時間と費用を投じて、社名やロゴを刷新する企業が後を絶ちませんでした。

しかし、当然ながら、ロゴマークを変えただけで企業の変革が進むわけではありません。

「何のためにそれをやるのか？」という自社目的の確認、アイデンティティ＝ブランド人格の開発、それに基づいて新しいマークに込めた意味の共有、そして何よりアイデンティティの実践である行動変革・活動開発が必要になります。
そこまでやって、初めて効果が表れるのです。

ＣＩブームの後にも、「ブランド エクイティ」や「ブランド ストーリー」などの概念が提唱され、ブランディングが注目された時期があります。

でも「みんながやっているから、うちも…」では、失敗しがちです。目的があいまいなまま進めても、効果が分からず、立ち消えになってしまいやすいでしょう。

繰り返しになりますが、ブランディングとは、その課題も目的も、やり方も、その企業ならではの個性的なものなのです。

関わる人の「言葉」と「手順」をそろえる

ブランディングは、広告や広報や事業部など、一つの部門だけが担うものではありません。

ブランディングを進めるうえでは、経営者や生産・技術部門、営業など、多くの人が関わります。

だからこそ、本章の冒頭にも書いた通り、**関わる多様な立場の人たちが、言葉の意味を共通認識しておく**ことが大事です。そこがずれていると議論が噛み合わないからです。

加えて言えば、一つの共通する「**手順**」、つまりブランディングの設計・進行の流れ、手続きに沿って議論を進めることが肝要です。いわば、〝議論進行のまな板〟なのです。

これがあれば、それぞれ違う立場の人が、自分や自部門の関わり方・役割を明確に認識できます。

また、仮にブランディングの戦略を変更・補正する際には、「どこを変えるのか」「どこまで立ち戻るのか」が互いに明確になります。

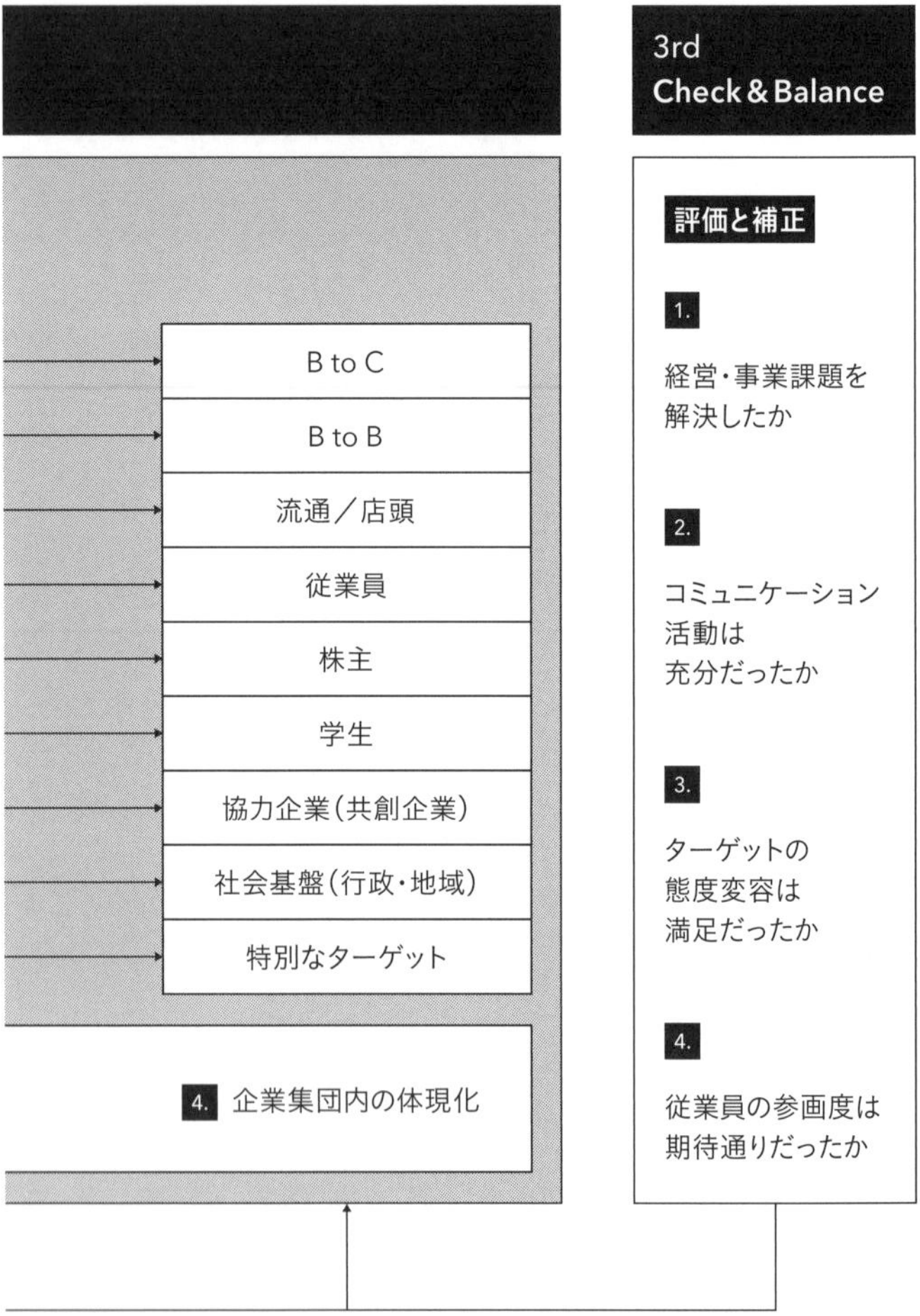
3rd
Check & Balance
評価と補正
1.
経営・事業課題を
解決したか
2.
コミュニケーション
活動は
充分だったか
3.
ターゲットの
態度変容は
満足だったか
4.
従業員の参画度は
期待通りだったか
B to C
B to B
流通／店頭
従業員
株主
学生
協力企業(共創企業)
社会基盤(行政・地域)
特別なターゲット
4. 企業集団内の体現化

■ コーポレートブランディングのマネジメントフロー（イメージ）

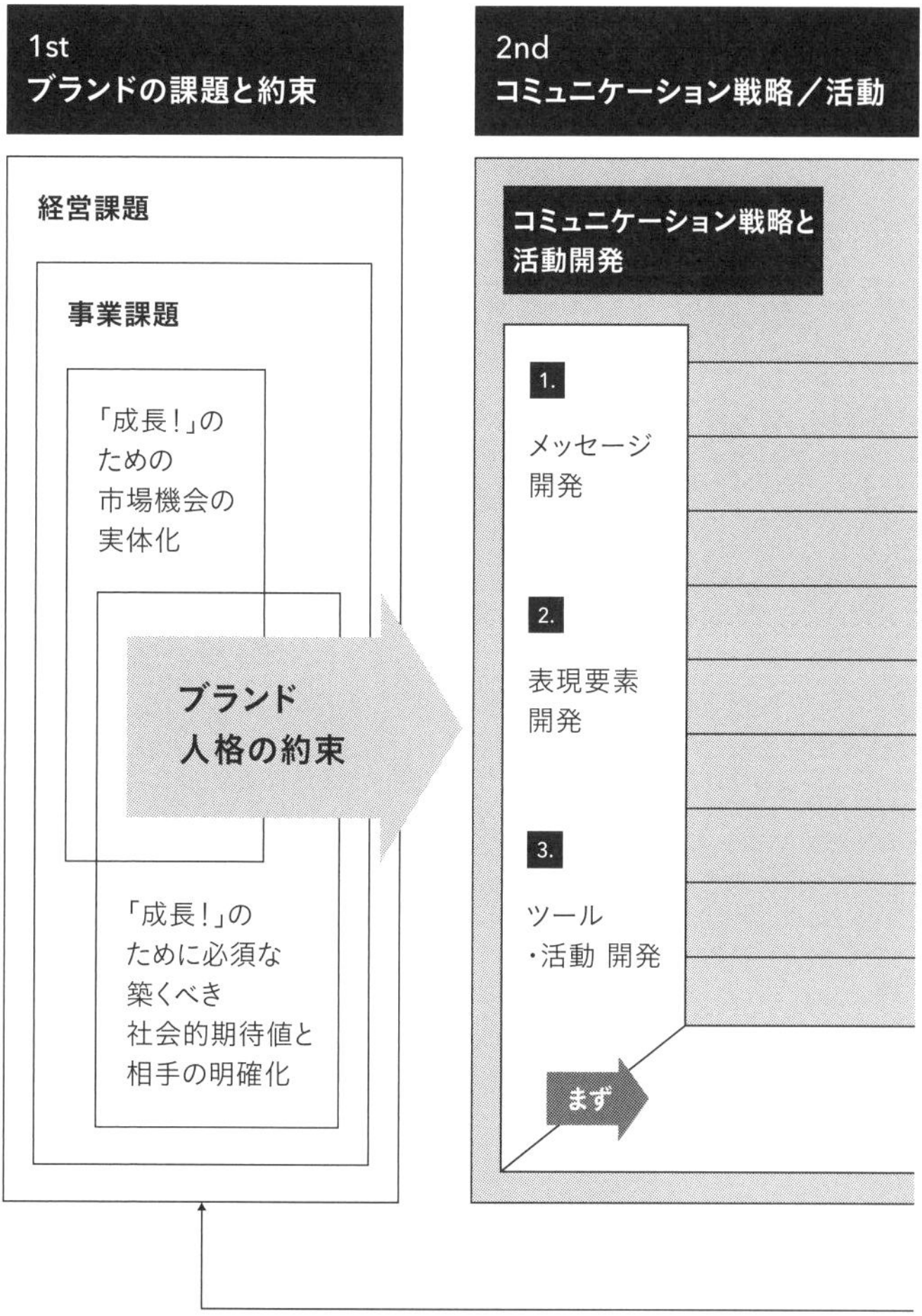

「ブランディング」の言葉と手順がそろえば、いろいろな立場の人が議論できる

よく、ブランディングのプロジェクトをお手伝いする際に、「プロジェクトメンバーは誰を集めればいいですか?」という、ご質問をいただきます。

これも、それぞれのブランディングの目的によって必要メンバーが異なるので、正解はありません。

ただ、一つだけ必ずお伝えすることがあります。

ブランディングを担うのは、広告宣伝や広報などのコミュニケーション部門の人だけではないということです。

価値を生み出すことに関わる全ての人、つまり商品や事業ブランドであれば、調達や生産、物流、営業などのサプライチェーン部門全てですし、企業ブランドであれば、総務も人事も経理も全ての部門が関わることになります。もちろん、現場社員だ

けでなく、経営陣も新入社員も全てです。

その中で特に、価値を左右する要になっている部門、もしくは、ブランディングの目的と照合して課題を抱えている部門の方々を選抜して議論を進めていきます。

そうなると、必然的に職種も職階も多様な立場の方々のプロジェクトチームができ上がります。

多様な立場の、多様な視点で議論をすることは、とても難しいことですが、強いブランドを築くためには大事なことです。

だからこそ、言葉と手順の統一が必要なのです。

成果を測り、活動を補正するための「目標」化する

ブランディングを進める中で、もう一つ、よく耳にする課題があります。

「ブランディングって、やったところで成果が見えない」という声です。

なぜでしょうか？

それは、**目的を目標化していない**からです。

「成果が見えない」のは、最初にしっかり目標の議論をしていないがために、ゴールを見失っているケースがほとんどです。

例えば、前述の課題の例で挙げた「良い人材（人財）を確保する」ということが、企業ブランディングの目的に設定されたとしましょう。

この場合、リクルーティングに関わるステークホルダーと求職候補の人たちがブランディングの相手であり、この人たちに、例えば「成長性がある」「社員が活躍できる」企業として認知され期待されることが目標になります。

これらが、同業他社と比較して優位であることも必要です。

このように、最初に定めた自社のブランディング目的を達成するためには、「誰に、どのように期待される必要があるか？」を数値目標化しておけば、それを測ることができます。

また、そのゴールを達成するために、「どこで、どのくらいの情報や体験を届けるか？」の活動ＫＰＩ（重要業績評価指標）も設定しておくと、途中の段階でも活動を補正・補強することができます。

4

「ブランディング」と業績はつながらない？

これもよく訊《き》かれることですが、「ブランディング」と「マーケティング」、どちらを優先すべきでしょうか？

もっと言うと、「プロモーション」という要素まで加わって、話が混乱してしまうことがあります。

しかしこれらは、相反するものでも、別個のものでもありません。だから、どれかを選ばなければならない、というような類いのものではないのです。

「ブランディング」と、「マーケティング」と、「プロモーション」と

まず、三つの定義をおさらいしておきましょう。

■ブランディング

企業・事業・商品／サービスの、次の成長に必要な「期待づくり」活動。

そのことによって、提案権の確保・持続、競合に対する優位性確立、トラブルからの回復猶予、等の効果が生まれる。

■マーケティング

企業（組織・団体）と顧客との、価値交換・価値共創の関係づくり活動。

その企業の商品やサービスが売れ続ける（買い続ける）ための、効果・効率的な一連の仕組み・プロセスづくり。

■プロモーション

購買に向けて潜在顧客の背中を押す＝販売を促進する活動。

プロモーションとは「促進」するという意味なので、正確には「セールス（販売）プロモーション（促進）」の意。

このように、これら三つは目的が違うのです。

だから目標も自ずと異なるはずなのですが、そこが混在することが多いように思います。

ブランディングの目的で活動をしているはずなのに、短期的なプロモーション成果を求めたり、逆にプロモーションのはずなのに、欲張ってブランディングも担わせた結果、メッセージがあやふやになってしまったり……。

何を目的とした活動なのか、最初に確認しておく必要があります。

そのうえで、三つの連鎖・連携を考えます。

ブランディングで築いた期待に応える、マーケティングの仕組みを用意し、プロ

モーションでその成果を回収する流れを設計しておく、ということです。

これらが分断せずに、うまく連携が図れていれば、ブランディングを業績に結び付けることができます。

「ブランディング」のゴール

「ブランディングは業績を伸ばす手段ではない」と思われがちですが、それは違います。

確かに、短期的に業績を伸ばすことがブランディングのゴールではありませんが、中長期的に成長を持続させるためには、ブランディングが必要であり、有効な方法です。

ブランディングの目的は、企業成長のための期待値づくりです。期待されるからには、その期待に応える提案が必要になります。

人と人との関係と同じように、企業と人の関係においても、期待させておいてそれに応じた提案が何もなければ、当然相手はがっかりします。

せっかく築いた期待が無駄になってしまうだけでなく、むしろ悪循環になってしまいます。

だからこそ、マーケティングやプロモーションとの連携が重要なのです。

ブランディングで成長に必要な期待をつくり、マーケティングでその期待に応える提案活動を重ね、プロモーションでその提案をそれぞれの顧客固有の価値にする。

ブランディングが、単なるイメージづくりで終わらない理由です。

5

ブランドは誰が担うもの？

あなたの会社で、ブランドづくりを担っているのは、誰でしょうか？

ブランドマネジャーという役職があれば、その人でしょうか？

会社によっては、「ブランド戦略室」などの専門組織を設置し、担当しているところもあるでしょう。


しかし、ブランドは、広告宣伝や広報などのコミュニケーション活動だけでつくられるものではなく、企業・事業・商品の活動全てで築かれるものです。

だから、**「全ての社員がブランドづくりを担っている」**と言っても過言ではないのです。

「ブランド人格」の代表者としてのプレジデント

企業ブランディングにおいては、多くの関わる人の中でもまず、一番影響力のあるのはCEOやプレジデントと呼ばれる「経営代表者」でしょう。「ブランド人格」を代表し牽引《けんいん》する存在であり、「ブランド人格」の性格や志を色濃く投影した、責任ある行動をする必要があります。

多くの会社のホームページに「社長メッセージ」が掲載されていると思いますが、そこで発信されているメッセージの内容、言葉遣い、社長の写真が載っていれば、その姿からその企業のブランド人格がうかがわれます。

あなたの会社はいかがでしょうか？

私たちは、経営トップの方のメディア取材をサポートすることがあります。その際、お話しいただく内容はもちろんなのですが、写真が使われる際には、服装やアングル、ポーズなども含めた作戦会議をします。

腕組みをして力強さを、手を拡げて大らかさを、はたまた目線を外した自然な親近感を演出します。笑顔の加減でもかなり印象が変わります。

記事をご覧いただく相手が誰なのか？　その人たちに何を伝え、どのような印象を残したいのか？　どのように期待してほしいのか？　それらを考えることは、まさに「ブランド人格」の可視化です。

余談ですが、政治家の選挙演説では、赤色のネクタイが使われることが多いそうです。

赤は、パワー、活力、情熱、勇気などのアグレッシブな印象を与えますので、赤いネクタイをすることで、「そういう自分に国を任せてほしい」「期待してほしい」という意志を、服装の細部にまで表現しているのでしょう。

全ての社員の一挙手一投足が「ブランド」をつくる

経営者だけではありません。
顧客やステークホルダーにとっては、自分が接した社員の印象がブランドを左右します。

特にサービス業の場合は顕著です。
皆さんも、きっと経験があるでしょう。利用したホテルや飲食店の従業員の接客、荷物を届けてくれる宅配業者のドライバーの態度、会社のロゴが入った営業車のドライブマナー、壊れた家電について問い合わせた際のお客様相談窓口の対応などによって、好きなブランド、あるいは嫌いなブランドになったことはありませんか？

ある企業でこんなことがありました。

４月に入った新入社員の方たちが、研修所で集合研修を受けた後、集団で街に繰り出しました。その企業のお膝元の街で、今日あった研修のことや会社のことを大声で話していたそうです。

それを耳にした街の方から、お客様相談室に電話があり、「新人とはいえ、自覚が足りない。しっかり教育してほしい」とのお叱《しか》りが寄せられました。

この企業は、普段から地域の方との関係が築けていたので、このように率直な意見を言ってもらえましたが、場合によっては企業に意見を寄せることなく、企業に対する印象を変えてしまった可能性もあります。

経営者だけでもない、新入社員にも限らない、社員一人ひとりの一挙手一投足の積み重ねでブランド期待は築かれ、また、何気ないひと言で一瞬にして棄損されることもあるのです。

かんたんワーク　ブランド体験を書き出してみましょう

好きなブランド

ブランド名	イメージ	要因となった ブランド体験

嫌いなブランド

ブランド名	イメージ	要因となった ブランド体験

かんたんワーク 例

好きなブランド

ブランド名	イメージ	要因となった ブランド体験
A ビール	仕事の後に 一人で飲む感じが かっこいい。	各社のビールの中で 今の年齢の自分に 一番おいしく感じる 味。年齢を重ねれば 好みも変わるとは 思っている。

嫌いなブランド

ブランド名	イメージ	要因となった ブランド体験
B ビール	大衆的で 押し付けがましい。	いつどこで何と 飲んでも同じ味に なってしまう。 顧客に合わせている のではなく、ブランド を押し付けてくる。

第2章

基点となる「ブランド人格」を描き出す

それでは、実際に、企業の「ブランド人格」の描き方について、説明していきます。

まずは、企業の存在意義と意志を知ることから始めましょう。

1

注目されるパーパス議論

昨今「パーパス」という言葉を耳にする機会が増えました。

「パーパス」とは直訳すれば「目的」です。つまり、**企業が生きる目的そのものを定めることが重要**だとするのが、今の経営の傾向です。

では、これからの時代に企業が存在し続ける目的・意義とは何なのでしょうか？

この時代に求められる企業の三つの存在意義

どんな企業にも、三つの存在意義があります。

これは過去からの長い歴史の中で確立されてきた、今日《こんにち》の必然ともいえます。

存在意義1　経済価値の創出

企業が存在する意義の第一義は、経済価値を生み出すことです。

集めた資本を増幅させて、その経済価値を株主や従業員に還元する存在としての大きな役割があります。


かつて高度経済成長と呼ばれた時代には、この役割が大きく注目されていましたが、企業は経済価値だけを生み続ければ生き永らえるというものではありません。

経済的な発展の中で、企業はもう一つ大事な役割を求められるようになりました。

それは、「社会との共存共栄」という役割です。

存在意義2 社会価値の共創

歴史的に見ると、大量生産・大量消費の時代に、商品を開発し、生産し、配給し、販売し、消費するそれぞれの局面で、企業は自然環境や暮らしの中に、時として強引に割り込んでいきました。

公害問題や健康被害など、多くの軋轢《あつれき》・対立を経験して、企業と社会の関係は、互いを認め合い、自然や文化を共に創る共創関係へと進化してきました。

今やそれは、お題目でも補足的でもなく、企業が必須で担うべき役割として期待されています。

さらに社会との関係が成熟するにつれ、企業に三つ目の役割が担わされるようになりました。

従業員をはじめとする、「関わる人々に対する役割」です。

■ マズローの欲求5段階

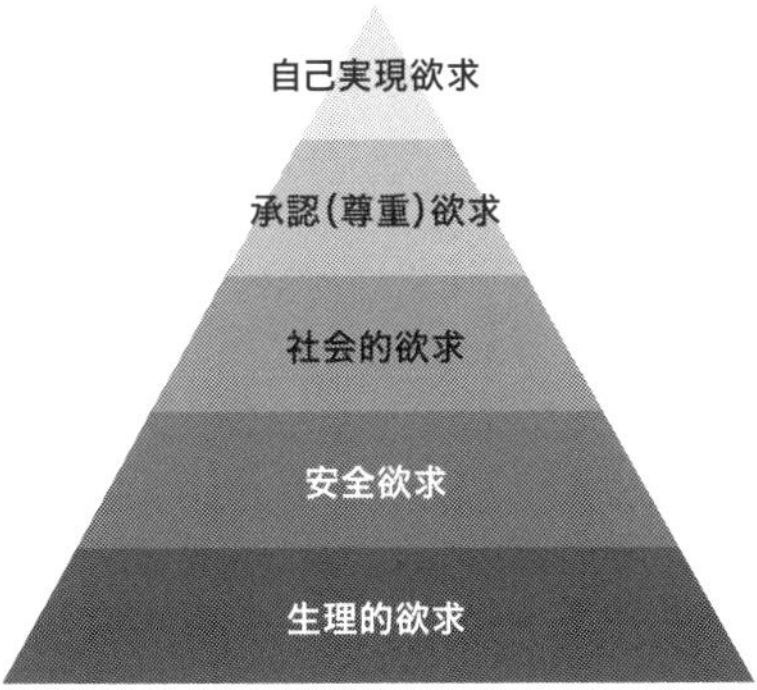

存在意義３　人間成長の促進

企業で働くことを通して人々は、単に給与を得るだけでなく、自己承認・自己実現の充足を求めるようになりました。

心理学者のマズローの言う「欲求段階」（上図）が、上位へと進んでいったのです。

この意味で、企業は関わる人々の成長を促進する存在でなければなりません。

そこには、職位・職階の上昇志向とは異なる、人間としての根源的な成長志向を充たす必要があるということです。

今や、平均余命の伸びは「人生１００年時代」と言われるまでになりました。

企業における労働定年の先にある人生の長

さを思えば、企業に対して、退職金以外に、第二・第三の人生を楽しむための徳性・知性、そして勇気を、いわば〈仕度金〉として一緒に創り出せるかどうかを問われています。

それは企業に参加していた時間と経験において学習化され、個人化された究極の能力、尊い〈人生力・人間力〉と言ってもいいでしょう。

企業の存在意義を、社会と個人との三者間の関係で捉えたとき、「経済価値」「社会価値」「人間価値」というこれら三つの役割は、企業が時代と共に生き、次代に生存し続けるために、極めて現実的、理性的な必然があるのではないでしょうか。

パーパスという〝北極星〟を定め、そこに向かう

「パーパス」が注目されていることにも象徴されるように、企業の存在意義を問う声は年々高まっています。

パーパスが重要視されるようになった理由は、将来を予測し、そこに向かって綿密な経営の計画を立てていたこれまでと異なり、将来予測が極めて難しい時代になったことも原因としてあると思われます。

加速度的に技術が進化し、一方であらゆるリスクが取り巻く、不確実な社会だからこそ、精緻な中期経営計画があまり意味をなさなくなってきたのではないでしょうか。

むしろ、「自分たちが何者か？」「何のために世の中に存在するのか？」という中長期的な指針、いわば**〝北極星〟を定め、そこに向かう方法は柔軟に変えていく**、という企業が増えています。

このような「パーパス」を重視する経営は、つまるところ唯一無二の「ブランド人格」を確立し、社会からの期待をつくり続ける経営なのです。

ブランドを動かすために必要な関わる人の「共感」

先ほど「パーパス＝北極星」と話しました。

これは、自社内においての指針であると同時に、対外的にも、自分たちがめざすことその必然性を旗印に、**「この指とまれ！」と世の中に問うもの**でもあります。

その志に共感・賛同し、従業員や協業者、顧客…という仲間が増えていくのです。

この仲間たちが理念共同体として志を共にし、強い絆《きずな》で結び付き、新たな価値が共創されていきます。

これが「売る→買う」という一方通行の関係ではない、共存関係を結ぶための基点であり、ブランド力の根源でもあるはずです。

2
企業としての志、想い・願いを読み解く

では、その「ブランディング設計」はどう進めればいいのでしょうか？

設計に当たって、何よりも大事なものは「企業意志」です。

ともすると、最初にイメージ調査などを実施して、現在どのように自社が世の中から見られているかを測ろうとする場合がありますが、あくまで、ブランディング設計の基点は、「**企業意志を読み解く**（**＝自社であれば自覚する**）」ことです。

■ 企業意志（三つの存在意義）

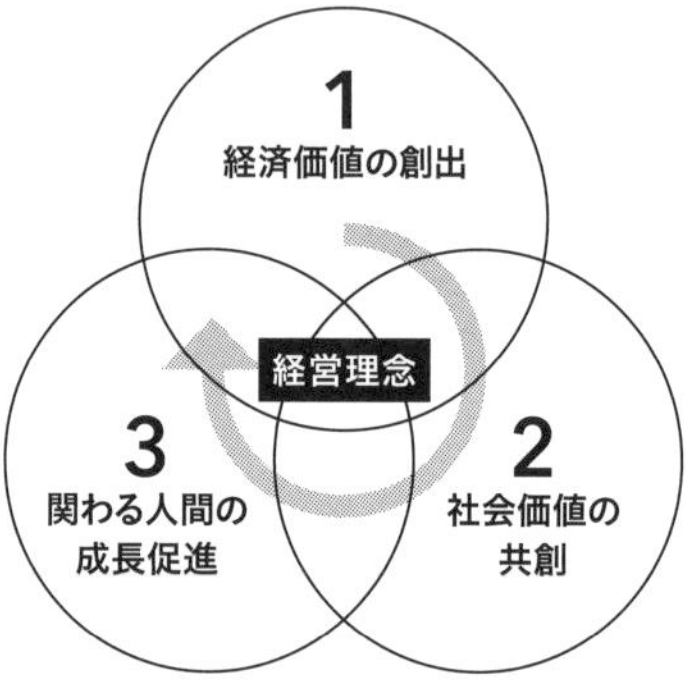

どのような存在でありたいのか？

まず、自社（場合によっては事業・商品）の存在意義を考えるところから始めます。

・経済価値を、どんな領域で・どんな方法で生み出そうとしているのか？
・その活動を通して、社会にどんな価値をもたらしたいのか？
・その過程に関わる人々は、どのような自己実現ができるのか？

企業理念や社是社訓など、社内にある自ら

■ 企業意志(三つの存在意義)——事例

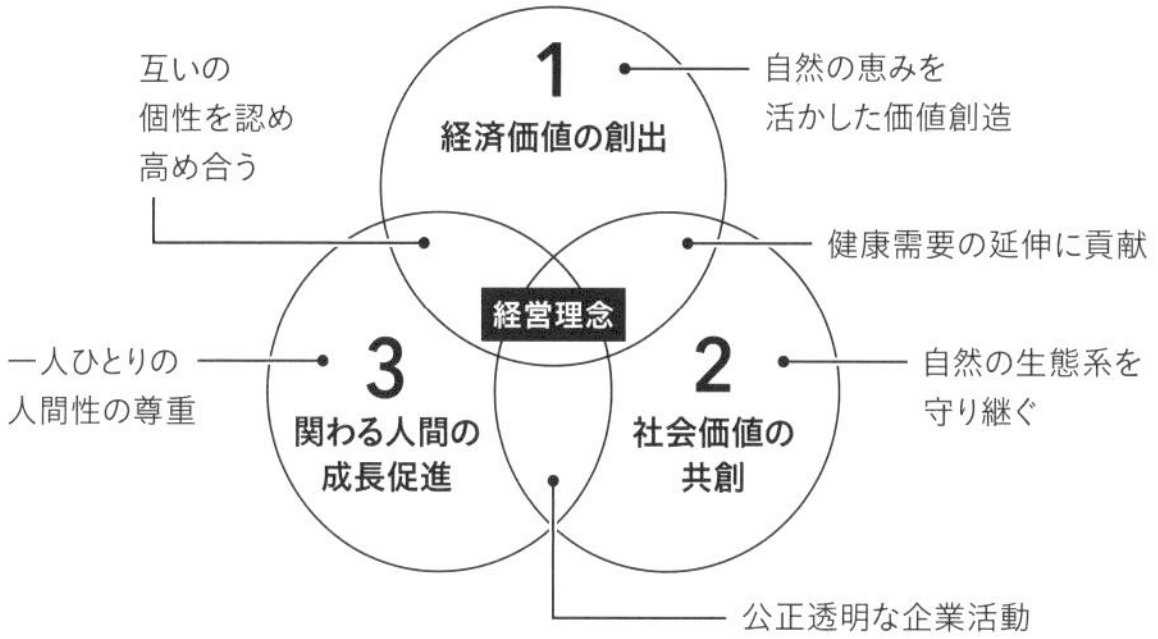

の誓いの言葉を手がかりにしながら、三つの役割を考え、言語化してみましょう。

どのような存在でありたいのか？　企業としての想い・願いは？

「その企業ならでは！」のやり方で、どのように価値を生み出し続けるか？

例えば、経済価値について、A社は農産物の加工により自然の恵みを活かすことで生み出そうとし、B社は消費者の暮らしを徹底的に理解したうえでの良きモノづくりで生み出そうとし、C社はとある一つの素材に習熟することでその全てを健康に活かそうとしています。

経済価値だけを見ても、その企業独自の領

域・方法が見えてきます。

また、社会価値については、A社は自然の生態系を守り継いでいこうとし、B社は各国・各地域の生活文化を豊かに持続性あるものにしようとし、C社は子どもたちの未来を守ろうとしています。

経済価値を生み出すと同時に、それぞれが関わる社会課題が何なのかを明確にしています。

そして、人間成長については、A社は一人ひとりの人間性を尊重し高め合うことを誓い、B社は個の力を結集するチームワークを大事にし、C社は仕事を通しての喜びを分かち合う仲間を何よりも大事にしています。

この人間成長の促進には特に、それぞれの企業の生い立ちや価値観が色濃く表れます。

どこに向かって、どのように成長したいのか？

■ 企業意志（成長意志の確認）

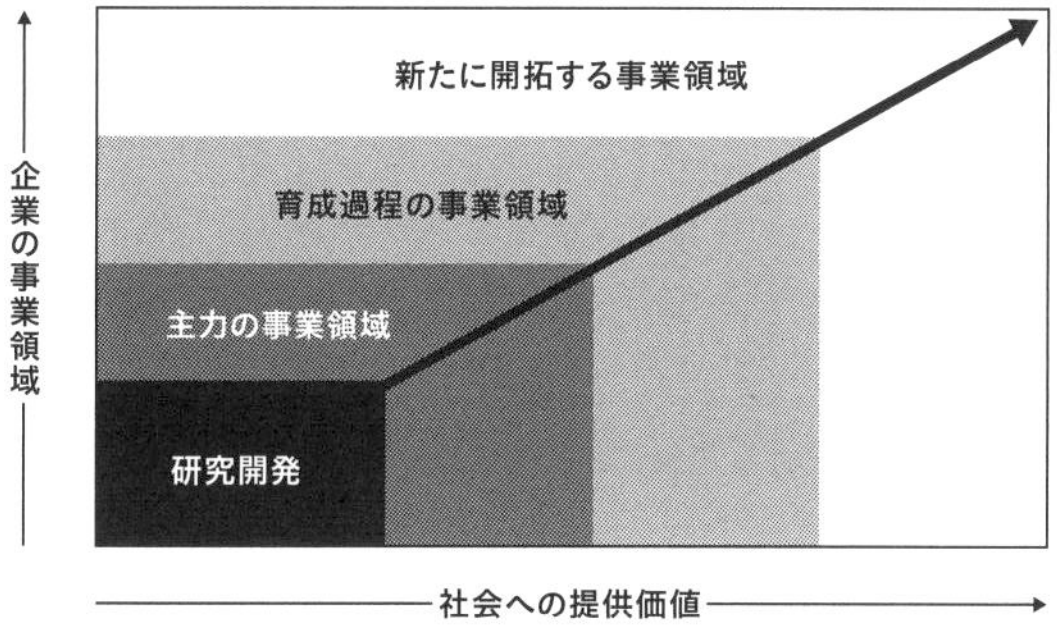

次に、これから「どの領域に向かって、どのように成長しようとしているのか？」を確認します。

今後拡げていきたいターゲット層やエリア、提供価値やビジネスモデルの拡張、そのための技術革新、投資領域などを見ることで、成長の意志が分かります。

また「現在の主力事業は何か？」「そこから一歩踏み出した育成過程の事業は何か？」、さらに「新たに開拓しようとしている事業領域はどこか？」を俯《ふ》瞰《かん》して見ることで、成長の方向性が分かります。

これらは、中期経営計画などが参考になるでしょう。

■ 企業意志（成長意志の確認）——事例

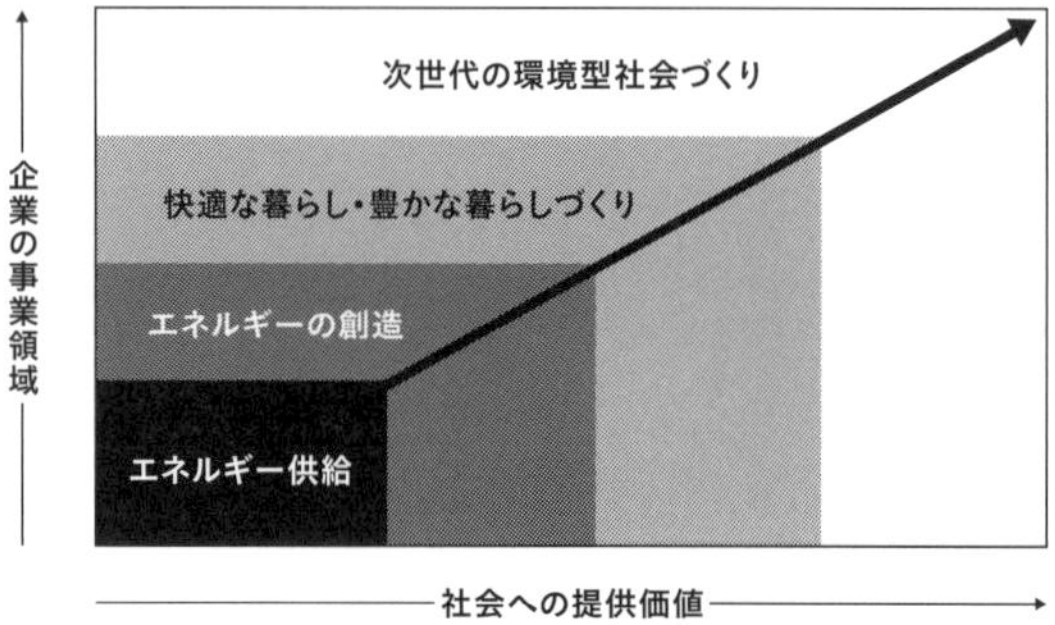

上記に示す事例のエネルギーインフラ企業の場合は、「エネルギー供給」を中核事業として成長してきましたが、これからは、「暮らしのインフラづくり」、そして「環境社会づくり」へと発展したいと考えています。自ずと、貢献する相手は「家族」の暮らしだけでなく、「街・地域」の暮らしへと拡がります。

他にも、ある日用品メーカーでは、暮らしの汚れなどをきれいにする「生活回復」事業を展開してきましたが、そこからより美しく豊かな暮らしをつくる「生活創造」事業へと発展したいと考えています。

そうなると、その分野を任せてもらうため

の新しい期待値が必要になります。

譲れない、大切な企業の価値観は？

そして、もう一つ企業の意志として大事なものがあります。

人と同じく、心の真ん中にある価値観です。

企業の場合、それがフィロソフィーや企業理念として明文化されていることもありますが、「社風」や「ＤＮＡ」と言われる言語化されていないものだったりもします。

創業者が残した言葉や創業時のエピソード、社史などを紐《ひも》解き、あるいは、ミュージアムや研究所、工場などを訪問して五感で感じとることも大事です。

極めて感覚的なものなので、理解するのは難しいことですが、その企業の「人格」を知るのに一番おもしろい要素でもあります。

例えば、農作物を原料とする、ある食品メーカーでは、自然の力と農業への敬意が脈々と継承されています。

その年の原料品質を左右する天候の動向に対しては、職位・職階にかかわらず、「今年の水不足は大丈夫だろうか」「この間の台風で被害は出ていないだろうか」などと口にして、水不足や日照不足、災害などによる畑の影響を、社員全員が同様に関心を寄せせます。

また、別の食品メーカーでは、100年を超える長い歴史の中で、品質への厳しい基準が受け継がれています。

お題目ではなく、家族に食べさせたいもの――成人した大人や若い人よりも何かと気を遣う、赤ちゃんや高齢者でも安心して食べられるもの、というレベルの追求が社内では当たり前になっています。

他にも、生活者を理解することを何よりも大事にしている、ある企業では、生活者の声や調査結果の前では、社長も新入社員も対等に扱われます。その事実に対して、職位・職階に関係なく、誰もが対等に議論できる社風が育まれています。

3

企業を取り巻く環境を見る

次に、その企業の意志に対して、「今どのような環境に置かれているのか」を見ていきます。

「意志が基点」と言いましたが、最終的にブランドとは顧客や社会との関係性の中で成立するものです。

だから、その意志がどう実行され、どのように見られているのか？　過去だけでなく、現在から未来も含めて、関係性の進捗と課題を知る必要があります。

そのうえで、どう自己紹介し、どう振る舞えばいいのかが見えてくるのです。

企業資産の棚卸し
――生い立ち、歴史の紐解き

先ほど挙げた、企業の社風や価値観を理解することに加えて、過去から現在に至る活動事実を見ていきます。

・そもそも、何のためにこのブランドが誕生したのか?
・そのとき、どんな苦労があったのか?
・名前の由来やロゴに込めた思い・願いは?
・ここまでどのように歩んできて、どんな資産を築いているか?
・道を分けたターニングポイントは? その際の判断軸は何だったのか?

社史を読み込んだうえで、歴代の経営者や研究開発の担当者などにインタビューすることで、こうした項目の答えが見えてきます。

「コアコンピタンス（このブランドならではの中核能力）がどのように形成されて、活かされてきたのか？」「どう拡張・変化してきたか？」などを把握していきます。

それは、まるで「生まれたわが子にどんな願いを託して名前をつけたのか？」「どんな人生を歩んでほしいと教育を施すのか？」という、親の気持ちにも似ています。

顧客と市場と競合の中での位置づけの確認（3C分析）

ここまで過去から現在を見てきたので、次は、現在から未来を見ていきます。

そういう歩みをしてきた企業が、現在とこれから、どのような市場と顧客、競合と対峙《たいじ》していくのかを考えます。

「Customer（市場・顧客）」「Competitor（競合）」「Company（自社）」を考えていく、いわゆる「3C分析」です。

■市場・顧客分析

自社の事業においてどのような顧客がいるか、消費者の行動やニーズの変化などをつかむ。

■競合分析

市場・顧客分析をふまえ、競合の顧客ニーズへの対応と有利・不利な点を把握する。

■自社分析

競合分析をふまえ、自社の強みと弱み、また今後の課題を正確に把握する。

ここで大事なことは、市場・顧客、競合、自社をバラバラに考えるのではなく、三者間の相関を考えることです（第5章で詳しく説明します）。「どの市場を狙うのか？」「その市場で競合は何をしているか？」「自社の優位性はどこにあるか？」「自社の戦略をどう変えるか？」…というつながりで、一つの物語として現状を捉えます。

「取り巻く市場・顧客・競合に対して、どのような自己紹介をすれば賛同を得られそうか？」「どのような力を発揮すべきか？」を考える材料にします。

未来予測からのバックキャスティング

ここで実は、自社らしいブランド人格を見出すうえでは、「今」の環境分析だけではなく、「未来」を想像することが重要です。

「これから、どんな未来になりそうで、そのうちどの変化やどの課題に着目して、どんな役割を担っていくのか？」を想像することで、軸をぶらさず経営を進めることができます。ちょうど、車の運転で近くを見るより、遠くに視線を置いたほうが、まっすぐ進めるのに似ています。

その際に役に立つのが、いわゆる、「バックキャスティング型」のアプローチです。

この方法は、**望ましい未来を先に描き、現在からその未来に至るまでの道のりを逆**

算するものです。

一般的な「計画法」が、現在のリソースや状況をベースにしたそこからの足し上げで〝できそうな〟未来を計画するのに対し、バックキャスティングはまさにその逆です。

このアプローチにより、企業は現在の環境下での限界や制約に縛られることなく、自らの意志を自由に見出すことができます。

具体的なバックキャスティングは、次の三つのステップで行います。

1．未来情報を収集する

公的機関や民間のシンクタンクが発表する資料を参考にして、未来の社会に関するファクトを集めます。

その際、例えば、ＰＥＳＴ分析（政治的：Political／経済的：Economic／社会・文化的：Socio-cultural／技術的：Technological）のような、マクロ環境分析のフレームワークを参考にしてもいいでしょう。

2．未来情報を俯瞰する

その集めた未来の情報を俯瞰で眺めて、気になる「未来」をピックアップしていきます。

ここでは、**できるだけ立場や専門分野の異なるメンバーの、多様な視点で議論をすること**をお勧めします。

「自社が注目したい社会や顧客、技術の変化はどこにあるのか？」「それに対してどのように役立ちたいのか？（「役に立てるのか？」ではなく）」を考え抜きます。

3．ブランド人格にフィードバックする

2．のアクションで得られた視点で、ブランド人格を検討し、言語化していきます。特にここでの議論が反映されるのは、「ビジョン（これからめざす、ありたい姿やそこに向かう変革課題）」の部分でしょう。

バックキャスティングにより、ビジョンが定まると、その先に企業がビジョンを現実に変えるための具体的なステップを検討することが可能になります。

実現のためのリソースの確保・配置や、戦略を効果的に検討できます。

バックキャスティングの重要性を考えるに当たっては、例えば、テクノロジー企業のアップルを挙げることができます。

スマートフォンが台頭する以前から、アップルは将来の技術動向や消費者の行動変化を予想していました。

１９８７年「ナレッジナビゲータ（Knowledge Navigator）」というショートムービーを発表し、その中で、タブレット状の端末で稼働するＡＩと共に仕事をするビジネスパーソンのライフスタイルを描いていました。

未来を単に予測するだけではなく、ありたい姿を描くことが、イノベーションにつながるという事例です。

あるいは、持続可能性への取り組みを行っている、アウトドアメーカーのパタゴニアもまた、バックキャスティングに優れた企業です。

「市場のトレンドや消費者の意識変化が環境問題に敏感になるはずだ」と予想をし

て、リサイクル素材の使用やエコフレンドリーな製造方法を他社に先駆けて積極的に取り入れ、世界中のファンから熱狂的な支持を集めています。

さらに、電気自動車で有名なテスラですが、そのビジョンは、化石燃料依存の社会を変えることにあります。

テスラが創業した2003年時点ですでに、2020年代に声高に語られている循環型社会やカーボンニュートラル社会を予期していたからこそ、社会に歓迎される事業を創出することができたと言えるでしょう。

このように、世界で活躍し支持される企業の多くは、思い切った未来を描き出し、それを夢物語に終わらせず、誰よりも早くそこに向かって歩み始めていました。

変化の著しいこれからの時代は、バックキャスティングはひと握りの特殊な企業だけでなく、多くの企業が持つべき重要な視点となるはずです。

4

「ブランド人格」という企業の自己紹介を描き出す

ここまで見てきた観点と情報をもとに、いよいよ「ブランド人格」を描いていきます。

われわれは誰なのか？

まず、ブランドの自己規定です。

「このブランド（企業／事業／商品）の使命は何か？」「社会・お客様に対する不変の存

在価値は何か？」を、「はじめまして」の際に、社名やブランド名を使わず分かりやすく、ひと言で自己紹介するとしたら何と言うでしょうか？

■参考となる構成情報

・ブランド誕生の経緯と歴史
・経営理念、ブランド理念
・企業・事業・商品の使命

どのような心で？

次に、性格・価値観です。

人に例えると、このブランド（企業／事業／商品）はどんな性格でしょうか？

大切にしているブランドの理念・ポリシー・価値観、社風を表す特徴的な言葉は何でしょうか？

■参考となる構成情報

・ブランド設立の理念
・経営や開発のポリシー
・継承されてきたブランド〝らしさ〟
・特徴的な社風
・経営者やブランドオーナーの言葉

誰のために？

そして、役に立ちたい相手を定めます。

このブランド（企業／事業／商品）がこれまで役に立ってきた主な顧客や市場は誰なのか？　今後、開拓・育成したい顧客や市場は？

ブランドに期待し支持してくれる（期待し支持してほしい）理想の顧客像は、どんな人か？

■参考となる構成情報

・主な提案市場の変遷
・顧客像（理想と実売）
・競合とする企業・事業・商品分野
・重視するステークホルダー

どのように役立つのか？

「その相手に対してどう役に立つのか？」という、提供価値を決めます。お役立ちの商品／サービス領域を決めるのですが、物性的な機能分野の規定だけでなく、ブランド（企業／事業／商品）が顧客にもたらす価値は何かを考えます。「どのような生活課題（社会課題）を解決できるのか？」、逆を言えば、「どこまで担うのか？」を決めることで、同じ商品を提供していても、役立ち方が違ってくるでしょう。

■参考となる構成情報

・提案の社会背景／市場機会の捉え方
・具体的な商品・サービスの変遷
・ロゴ／パッケージ／広告メッセージの変遷
・共通している提供価値
・今後提案したい商品・サービス

特長・特技は何か？

先に決めたお役立ちの約束を信頼してもらうための、能力・エッセンスも大切です。

そのようなお役立ちができる根拠は何か？　背景にどのような強みがあるのか？　競合と比べて際立っている特長は何か？　具体的にどうやって提供するのか？　組織能力／コアコンピタンス／強み…は何か？

■参考となる構成情報

・最も強い／自社らしい商品の変遷
・研究開発力の特徴
・製造技術の特徴
・その他、各組織能力の特徴
・10～20年後も継承したい強み

今どこにいて、これからどこをめざすのか？

最後に、変革課題・ビジョンです。
めざすブランド像は？　変革のビジョンやゴールイメージは？
今どのように見られているか？　それをどのように変化や進化させたいか？
どこに向かって成長しようとしているか？

■ ブランド人格のフレーム

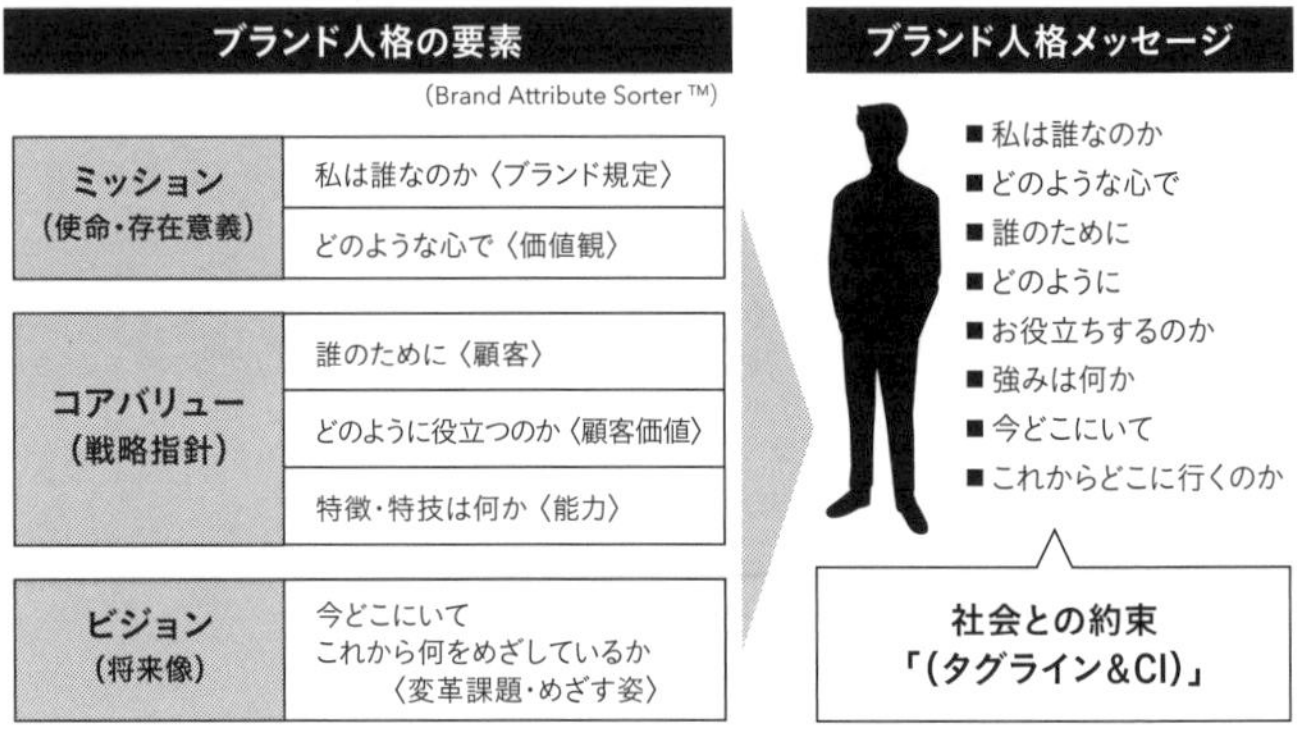

ブランド人格の要素	
(Brand Attribute Sorter ™)	
ミッション （使命・存在意義）	私は誰なのか〈ブランド規定〉
	どのような心で〈価値観〉
コアバリュー （戦略指針）	誰のために〈顧客〉
	どのように役立つのか〈顧客価値〉
	特徴・特技は何か〈能力〉
ビジョン （将来像）	今どこにいて これから何をめざしているか 〈変革課題・めざす姿〉

- ■ 私は誰なのか

- ■ どのような心で

- ■ 誰のために

- ■ どのように

- ■ お役立ちするのか

- ■ 強みは何か

- ■ 今どこにいて

- ■ これからどこに行くのか

社会との約束

「（タグライン＆CI）」

■参考となる構成情報

・事業課題（対顧客／対競合／対自社）
・事業課題解決の方向性、変革の方向性
・中期経営計画
・新分野への挑戦状況
・到達ゴールイメージ

■企業人格の事例——大学

		(大学)A校	(大学)B校	(大学)C校
ミッション	私は誰なのか〈ブランド規定〉	文化で社会をつなぐ人	自己の哲学習得を支援する人	世界と日本の距離を縮める人
	どのような心で〈性格・価値観〉	多様な文化を尊び、称え、歓ぶ	奉仕の心 飛躍する喜び	「公」のために貢献する心
コアバリュー(戦略指針)	誰のために〈理想の顧客〉	身近な社会を豊かにしたい全ての人	学ぶ意欲・志がある全ての人	多種多様な環境を求める国内外の学生・研究者
	どのように役立つのか〈提供価値〉	協働・共生社会をつなぐ人財の養成	哲学する心を持ったグローバル人財の養成	公徳心を身に付けたグローバル人財の育成
	特徴・特技は何か〈能力・エッセンス〉	地域・日本・世界を貫く教養を培う環境とカリキュラム	考え方を育てる「哲学教育」と学習機会のバリエーション	多様性に富んだキャンパスによる語学教育・国際交流
ビジョン	今どこにいてこれから何をめざしているか〈変革課題・ビジョン〉	「地域・領域・時代を超えた多彩な出会い」を生み出す文化の交流拠点へ	地球社会の未来を拓く知的イノベーション拠点へ	世界の研究者が集う国際ブレインサーキュレーション拠点へ

大学の事例で比較してみると、「文化」を軸に交流を生み出そうとするA校、「哲学教育」でイノベーションを起こそうとするB校、そして「公徳心」を磨くことで頭脳の循環をめざすC校。

いずれも世界で活躍する人財育成をめざしているのですが、そのアプローチ方法はそれぞれに個性が表れます。

■企業人格の事例――食品メーカー

		（食品メーカー）A社	（食品メーカー）B社	（食品メーカー）C社
ミッション	私は誰なのか〈ブランド規定〉	自然の恵みのおいしさ・健やかさ・楽しさをお届けする人	おいしさの感動、健康の歓び、生命の輝きをお届けする人	どこよりも安心・安全・健康な食をお届けする人
	どのような心で〈性格・価値観〉	人と自然に感謝する心	創意工夫で人々をわくわくさせる	現状否認による絶えざる革新
コアバリュー（戦略指針）	誰のために〈理想の顧客〉	自然の恵みを楽しみたい人	おいしさと健康どちらも妥協しない人	食を通じた絆を大切にする人
	どのように役立つのか〈提供価値〉	野菜をおいしく摂ることを支援	科学的根拠に基づくおいしさと健康の両立	毎日の食でいのちの源を育む
	特徴・特技は何か〈能力・エッセンス〉	抗酸化力と免疫力の研究	健康素材の研究	酢酸・発酵の研究
ビジョン	今どこにいてこれから何をめざしているか〈変革課題・ビジョン〉	暮らしと自然をつなぎ、食にまつわる社会問題の解決に貢献	世界中で心身の健康、そして豊かな人生に貢献	おいしさと健康を一致させ、世界に新しい食文化を生む

食品メーカーの例を見てみると、いずれも「おいしさ」と「健康」を提供したいと願っていますが、やはりそこへのアプローチや考え方にそれぞれの個性が表れます。

自然の恵み、特に野菜を価値化することを追求するA社、素材研究の力でおいしさと健康を両立し人生を豊かにしたいと願うB社、そして日々変化することを是としその積み重ねを大事にするC社。

それぞれの出自、創業の理念が色濃く継がれています。

■企業人格の事例――日用品メーカー

		（日用品メーカー）A社	（日用品メーカー）B社	（日用品メーカー）C社
ミッション	私は誰なのか〈ブランド規定〉	素晴らしい快のある暮らしをお届けする人	心とからだをやさしくサポートする人	暮らしに癒しと感動をお届けする人
	どのような心で〈性格・価値観〉	創造と革新	やさしさとチャレンジ	元気でさわやか
コアバリュー（戦略指針）	誰のために〈理想の顧客〉	潜在的な不充足を持った人々	やさしさを必要とする全ての生活者	部屋と暮らしを快適にしたい人
	どのように役立つのか〈提供価値〉	生活の不快の回復と豊かな暮らしの創造	心と体の健康を一生涯サポート	あらゆる暮らしを心地よくケア
	特徴・特技は何か〈能力・エッセンス〉	分かりやすさの追求	不織布の加工／成型技術	市場の着眼点と世にないことをやるユニークさ
ビジョン	今どこにいてこれから何をめざしているか〈変革課題・ビジョン〉	小さな不快も解消し、誰もが活躍できる社会へ	やさしさで包み、支え合う共生社会へ	空気で社会を心地よく変える

日用品メーカーの例では、自社の得意分野と社会との結び付け方に各社の個性が表れています。

小さな不充足を見つけ出し、誰もが我慢せず活躍できる社会をつくろうとするA社、赤ちゃんや女性や高齢者、ペットなどやさしさを必要とする生活者の自立と相互扶助で生きる喜びを増やしたいB社、さまざまな空間の空気を心地よく変えることでもっと暮らしやすい社会をつくりたいC社。

同じ暮らしを支える企業でも違いが顕著です。

■企業人格の事例——流通

		(流通)A社	(流通)B社	(流通)C社
ミッション	私は誰なのか〈ブランド規定〉	食を通じた地域共同体を支える人	地域社会のライフラインをあずかる人	暮らしに豊かさを提供する人
	どのような心で〈性格・価値観〉	よく集まり よく話し合う	絶えざる革新「お客様第一」を実践	誠実、情熱、清潔
コアバリュー(戦略指針)	誰のために〈理想の顧客〉	年代・地域・立場…を問わず、一人ひとりの生活者に	北海道から沖縄まで日本中のお客様	首都圏を中心とした未来世代
	どのように役立つのか〈提供価値〉	毎日の「食」を支える「商品」「情報」「便利さ」「場」を提供	便利で、楽しい、お買物体験を提供	いつものお店で日々の暮らしにいいものをお届け
	特徴・特技は何か〈能力・エッセンス〉	地域連携と顧客対話	磨かれた接客スキル 専門性の高い商品	モノ・コト・サービスの全ての品質追求
ビジョン	今どこにいてこれから何をめざしているか〈変革課題・ビジョン〉	家族、地域、時代をつなぐ食卓文化の担い手へ	いつもワクワクする地域に欠かせない存在へ	お客様の要望にたちどころに応えられる次世代型の流通へ

最後に流通、(いわゆる「スーパー」)の例をご紹介します。

地域との連携、お客様との連携を大事にして食卓文化を担いたいA社、日々のお買い物をワクワクする体験にして地域を支えようとするB社、スーパーのあらゆる品質を進化させ流通構造そのものを革新したいC社。

店頭の商品だけ見ていては気づかないそれぞれの視野・視座の違いが表れています。

5

企業の「ブランド人格」を像にする

人を理解する際に、履歴書だけの場合と、写真や映像がある場合とでは、印象の鮮明さが異なります。

ブランドも同じです。

この「ブランド人格」を、言葉以外の要素でも規定しておくことで、五感で感じ取れるより、個性的な姿が浮かび上がってきます。

「このブランド人格ならどう振る舞うか？」「どのように視認されたいか？」を考え、

「このブランドならでは！」のシンボルとして精緻化していきます。

ユニークで・好かれて・永続きするための、七つのキーエレメントです。
①形（絵）　②色
③音　　④動き
⑤香り　　⑥触感　　⑦温度

これが全てのコミュニケーションの基点になり、各種クリエイティブ開発の判断基準になります。

例えば、①形（絵）と、②色は、ブランドロゴ＆マーク、ブランド カラーになりますし、サウンドロゴ・ムービングロゴであれば、③音と、④動きの規定が役に立ちます。

さらに、モニュメントやミュージアム、オフィス開発では、⑤香り、⑥触感、⑦温度なども反映できます。

ブランド＆ＶＩマニュアルとして、これらをまとめておくといいでしょう。

■ヨーグルトブランドで比較

同じカテゴリーのブランドでも、それぞれの人格特徴によって描かれる世界観も異なる。

ブランド	ブランド人格の特徴	キーエレメント
A	ヨーグルトの伝統を守り、世界のスタンダードを創り続ける	・世界中の人々の笑顔 ・白衣を着た研究者たち
B	誰もが好むおいしさへのこだわりと、日常の健康への貢献を両立する	・食感を感じさせるシズル ・老若男女のはじける笑顔
C	新しい健康機能を取り入れ、女性の健康美に貢献する	・アロエやフルーツのみずみずしさ
D	日本の乳業を代表・牽引し、身体の中から健康を引き出す	・日本の牧場と日本人の家族たち ・体の中のメカニズム

広告やブランドサイトなど、何か表現物をつくる際に、関わるメンバーの意見が分かれたり、感覚的にあいまいな判断をしてしまったりすることがありますが、ブランド人格をもとに議論をすれば、一貫した「らしさ」を反映したクリエイティブが可能になります。

ここまでふれてきた「ブランド人格」の描出を整理してみると、

- 企業の存在意義（パーパス）や成長意志を、取り巻く環境と照らし合わせて確認する。
- ブランドの独自要素を「ミッション」「戦略指針」「ビジョン」という視点で読み解く。
- これらのつながりを、相手に対する自己紹介のストーリー（ブランド人格）として描き出す。
- このブランド人格の規定が、全てのブランドコミュニケーション活動の起点となる。

かんたんワーク　自分のブランド人格を書いてみましょう

企業・事業・商品のブランド人格を考えるに当たって、まず自身のブランド人格を書いてみましょう。

私たち、一人ひとりも「ブランド」として捉えることができます。
人の評判やレッテルなどは、だいたいは自分の行いによって生まれます。
自分がどうありたいか、どう見てほしいか。
自分のステークホルダー（支援者）は誰なのか。
……を自覚し、振る舞っていくことで、自分の「ブランド」が築かれていきます。

「あらゆるものがブランドであり、　あらゆる人がブランドである」
フィリップ・コトラー

ミッション	私は誰なのか〈ブランド規定〉	
	どのような心で〈性格・価値観〉	
コアバリュー（戦略指針）	誰のために〈理想の顧客〉	
	どのように役立つのか〈提供価値〉	
	特徴・特技は何か〈能力・エッセンス〉	
ビジョン	今どこにいてこれから何をめざしているか〈変革課題・ビジョン〉	

かんたんワーク 例

ミッション	私は誰なのか〈ブランド規定〉	企業の成長をコミュニケーションで支援する人
	どのような心で〈性格・価値観〉	誠実に・愚直に・相手の気持ちになって、企業の、その先のお客様を見る
コアバリュー（戦略指針）	誰のために〈理想の顧客〉	社会への役立ちを志す、全ての企業のために
	どのように役立つのか〈提供価値〉	コーポレートブランディングの戦略設計をサポート
	特徴・特技は何か〈能力・エッセンス〉	ブランディング＆マーケティングの実践経験とそれに基づく知見（証としての社外活動）
ビジョン	今どこにいてこれから何をめざしているか〈変革課題・ビジョン〉	新たなコミュニケーション機会や手段を活かし、企業と社会の対話をより深めること

第3章

「ブランド人格」が動き出す

前章で描いた、企業の「ブランド人格」をどう動かすかを考えていきます。

自社の見られたい姿を定めることで、どう行動し、どんな活動が必要なのかが見えてきます。

1

人としてどう思われたいか？
――「6＋1の期待値目標」の設定

「ブランド人格」を描いただけで、ブランディングの完成ではありません。

むしろようやく、スタートラインに立ったところです。

この人格が、言葉や記号に込めた思いの通りに振る舞って、初めて期待が生まれるのです。

例えるなら、就職活動において面接の履歴書とエントリーシートをようやく書き終えて、企業に送ったところです。これからの「どんな服装で、どんな話し方で、どんな演出をするか？」に、採用がかかっているのです。

誰にどのように期待してほしいのか？

「『ブランド人格』をどう動かすべきか？」というブランディング活動を考えるにあたって、まず「誰に、どのように期待してほしいのか？」を考えます。

見られたい姿・期待されたい姿が定まれば、それに向けて、「どう行動すればいいか？」「どんな活動が必要か？」が自ずと見えてきます。


先ほどの面接のたとえ話で言うならば、「誰に？」は「企業の採用担当者」に、「どのように期待されたいか？」は（その企業の社風や求める人材像に合わせて、例えば）「好奇心が強い」「行動力がある」などでしょうか？　あるいは、企業によっては「まじめで誠実」「協調性がある」かもしれません。

それによって、面接で話すエピソードはもちろん、話し方や服装までも演出し、そのような人格に見られようと準備をするでしょう。ブランディングの活動も同じです。

ちなみに、普段の人格を見たいがために、あえて面接でリクルートスーツを禁止している企業も増えているようです。

ここで大事なことは、**結果としての〝イメージ〟ではなく、あらかじめ期待されたい姿を自覚的な「期待値」目標として定める**ということです。「誰に、どのように見られ・期待され・支援されたいか？」、独自の評価軸を自覚的に開発して、自らをそれに近づける努力をすることが重要なのです。

客観的な期待値と、主観的な期待値
――最後に大事な「好き！」という共感

具体的に期待値の目標は、どのように決めていけばいいでしょうか？
いくつかの事例で見てみましょう。

ケース1　日用品メーカーA社　～トイレタリーを中心とした日用品を展開

・毎日使うものだから「信頼できる」「誠実・親切な」という基盤の期待は必須。
・一方で、価値が身近過ぎてコモディティになりがちな業種でもあるので、絶えず「一流の」「特別・ユニークな」「挑戦的」という期待をつくり続けたい。

ケース2　通信販売化粧品B社　～競合ひしめく市場で、自然派化粧品を展開

・美容分野を任せていただくための「一流性」「洗練された」という憧れの期待を築きつつ、
・他とは違う「独自性」、自社ならではの価値である「環境共生」、という期待を際立たせたい

ケース3　オフィス機器メーカーC社　～国内に加えグローバル展開を始める

・「信頼」「一流性」「先進性」など技術力の高さへの期待を築くと同時に、
・それをグローバルでも通用するものとするために、「国際性」「社会共生」などの新たな期待を獲得したい。

守るべき期待値と新たに築くべき期待値

このように、その企業ならではの戦略や課題と照らし合わせて、これからどんな「期待」の要素が必要かを考えていきます。

■「過去／現在／未来」の視点から

・過去からの歩みの中で築いてきた、守るべき期待。
・そして、今現在の貢献で築いている、さらに磨くべき期待。
・さらに、今後の事業拡張を見据えて、新たに足していくべき期待。

■「事業特性」の視点から

・現在展開している事業分野の特性から、必ず持っていなければいけない必須要素としての期待（例えば、口に入れるものや、赤ちゃん・高齢者・病人などを対象にした事業であれば、「安心・安全・信頼」など）。

・競合に対する競争優位になる独自の期待。

・将来踏み出す新たな事業領域で必要な、新たな期待。

第1章で紹介した「期待値の概念図」を参考にして、それぞれの視点から期待を考えてみてください。

2

自分の物語を描く
——活動事実の掘り起こしとストーリー化

「見られたい姿」「期待されたい姿」の目標が定まったら、そこに近づくための「**ブランドの物語**」を描いていきます。

その姿を期待してもらうには、「どう行動すればいいか？」「どんな活動が必要か？」を洗い出し、組み編んでいくのです。

「ブランド人格」は
どのように事実化・行動化されているか？

まず、期待値目標ごとに、ブランド人格が具現化されている「**事実**」を洗い出します。

最初から何か新たな活動を起こすことを考えるのではなく、これまで積み重ねてきた活動事実・情報事実の中に、ストーリーの種がたくさんあるはずなので、その棚卸しから始めましょう。

広告・広報などコミュニケーション部門だけでなく、研究・開発など全バリューチェーン（価値・連鎖）において、また総務や経理や人事などコーポレート部門・間接部門も含めた全部門でそれぞれに、設定した期待値に結び付きそうな活動や情報がないか、点検します。

この工程で時折課題になるのが、「何が期待値に結び付くのか？」「何が資産になるのか？」の判断が難しいということです。

長年活動していると、社内では当たり前になってしまい、その価値を客観的に見ることが難しくなってしまいます。

そんなときは、あえて部門を超えて違う部門の人が棚卸しに加わったり、外部の客観的な視点を借りるのも一つの方法です。

「ブランド人格」は何を通して語れるか？

もう一つ、気をつけたい視点があります。

ブランド人格は、企業を構成するあらゆる要素を通じて語ることができる、という
ことです。

どうしても、商品やサービスなどの直接的な提供価値にだけ目が行きがちですが、期待値を築くのは、商品だけも、サービスだけでもありません。

企業全体の活動、工場や拠点ごとの取り組み、組織の仕組みや制度、社員や経営者の言動・活動など、本当に多岐にわたります。思わぬところに自社の個性を象徴する活動事実が見つかるはずです。

期待値と照らし合わせて、足りない事実があれば、新たな事実をつくり出す

一度、全社の活動事実を棚卸しができたら、期待値ごとの構成を見てみます。活動事実の数が、期待値項目ごとに均等である必要はありませんが、いずれかの期待値に極端に偏っていたり、活動事実が極端に少ない期待値があったりします。その際は、「見られたい姿」と照らし合わせて、活動を補正したり、補強したりする必要が出てきます。

例えば、新しい事業を開始するために「革新的・先進的」な期待が必要なのに、既存事業のイメージに紐《ひも》付く「親しみ・安心」などの事実ばかりが多く発信されている

場合があります。

まずは、「今ある活動や情報を少しアップデートすることで、革新的・先進的に発信できないか？」を考え、それでも足りなければ、新たな活動をつくり出していきます。

■活動事実の点検の流れ

1. 棚卸しした活動の偏りを点検する。
2. 理想のブランド人格を構成するために、もっと強化すべきもの、内容を変更すべきもの、凍結・中止すべきもの、など分類する。
3. そのうえで、足りないところがあれば、新しい活動を開発する。

継承され育まれるブランドの「情報資産」

これらの活動事実は、〝情報資産〟として**可視化し、ファイリングしておく**ことをお勧めします。

初めて棚卸しする際は少々労力がかかって大変ですが、一度可視化しておけば、次からは更新・追加していけばよいので効率的です。

何より、これらの情報資産を可視化してブランディングに関わる全ての部署（社員）の資産として共有・活用しておけば、人事異動や世代交代が起こった際にも、リセットされることなく確実に継承できるはずです。

部門の役割を継ぐということは、これらの情報資産を継ぐということであり、引き継いだうえで、何を育てていくのかを見極めるのが戦略です。

どんなに素晴らしい「ブランド人格」も、伝えきれなければ価値じゃない。共感を生む「ストーリー」へ

最終的にこの情報資産は、一つひとつ個別に発信するのではなく、「ブランド人格」を語る一つの物語に編集していく必要があります。

現在の課題と照らし合わせて、「戦略やビジネスモデルに合致しているか？」「競争

優位性があるのか？」などの視点から、有効な情報資産を選定しストーリーに活用します。

つまり、第2章で描き出した「ブランド人格」を活動事実・情報資産で裏付けながら、**人が共感・共鳴するストーリーにしていく**ということです。

3

ブランド人格に欠かせない仲間たち
――ブランディングの相手とチャネル開発

物語のベースができたら、伝える相手を特定していきます。
言わば、**ブランド人格が関わっていく仲間づくり**です。

期待してほしい相手は誰か？

最初に定めた、ブランディングの目的に沿って、改めて「ブランドに期待してほしい相手＝ブランドコミュニケーションの相手」を特定し、優先順位を決めておきます。

それは必ずしも、現在のお客様だけに限りません。場合によっては、従業員や取引先、株主かもしれません。

その企業、その商品ならではの課題に応じたブランディングの相手を設定することが、ブランディングの効果を上げるカギになります。

支援してくれる相手は誰か？

ブランディングの相手は、ブランド人格を伝える相手であると同時に、その人たちの多くは、ブランドの**支援者であり、発信者**でもあります。

特にその両面を持つのは、企業集団内の関係者です。社員はもちろん、その家族やOBの方たちにブランド人格を理解し発信者になっていただければ、波及効果が高まります。

また、企業集団の外にも、ブランドの価値を一緒に共創してくれる人、価値を具現化してくれる人、さらに価値を増幅してくれる人など、そのブランド固有の支援者がいるはずです。

それぞれの部門が関わる支援者を洗い出してみるといいでしょう。

例　食品メーカーA社の場合
契約農家、共同研究の大学、流通のバイヤー、料理研究家、小学校の先生、大使館、個人株主などが、ブランディングの相手と考えられます。

これらの支援者と、どのようなルートでつながるか？　コミュニケーション機会を洗い出し、不足があれば補強する

洗い出したブランディングの相手は、どのようにつながっているでしょうか？

相手を洗い出すということは、同時に、**コミュニケーションチャネル（接点）を把握する**ことでもあります。

「誰から誰にどのように価値が伝わって拡がっていき、最終的な顧客に辿《たど》り着くまで

■ ブランディングの相手&チャネル開発

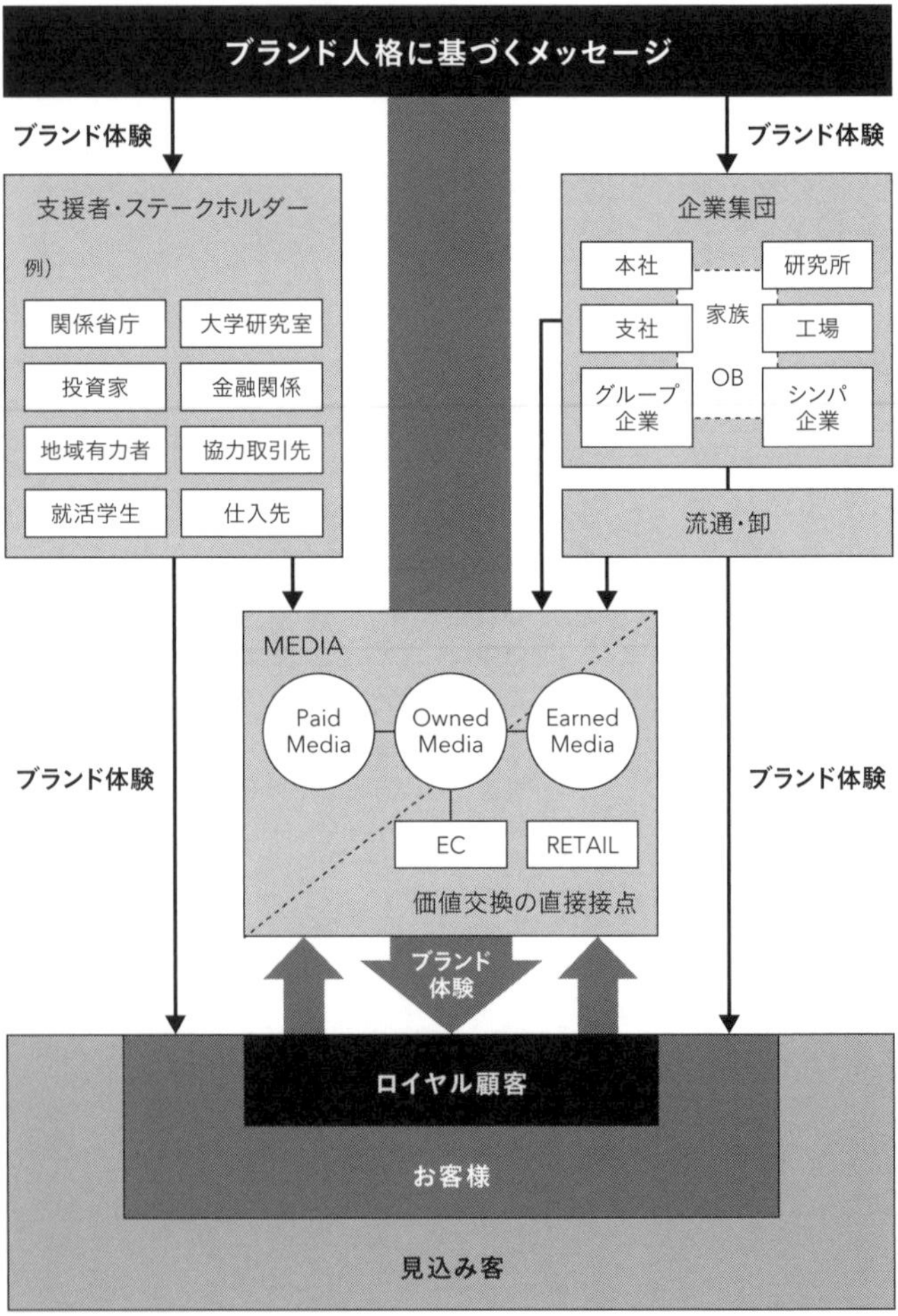

に、幾通りのルートがあるのか？」と、自社なりのルート構造を把握しておく必要があります。

広告・広報を通じて、広く生活者にメッセージする以外にも、社員を通じて、ステークホルダーや流通を介しての拡がりもあるでしょう。

俯瞰《ふかん》して見た際に、「うまくつながっていないルートがないか？」「補強すべき点がないか？」をあぶり出していきます。

一貫・統合した活動を無駄なく効果的に配置・実行する

企業が持つあらゆるブランド体験の機会を最大限に活用して、活動を配置してみましょう。

Action-1　従業員

誇りの醸成、 挑戦意欲の向上	施策例）■ホームページ　■社内報・社内セミナー ■Brand Book　■表彰イベント

Action-2　協業先

パートナーとしての 信頼醸成、支援の獲得	施策例）■商品説明会　■会社案内/Brand Book ■業界展示会　■営業研修

Action-3　メディア

《広告(Paid)》 幅広くブランド人格の 認知・期待醸成	施策例）■ブランド広告　■社会貢献活動
《広報(Earned)》 客観性をもった 情報の波及	施策例）■ニュースリリース　■記者発表

Action-4　支援者

価値共創の仲間づくり	施策例）■セミナー開催　■株主懇親会 ■学会参加・共同研究　■企業広告（業界紙）

Action-5　リクルート

求職者の期待づくり	施策例）■就職説明会　■企業広告　■社会貢献活動

Action-6　お客様（生活者）

共感・共鳴、ファン化 周囲への推奨促進	施策例）■ロイヤルユーザーの会員組織化 ■見込み客向けイベント　■意見交換会

■ ブランド体験活動の配置(事例)

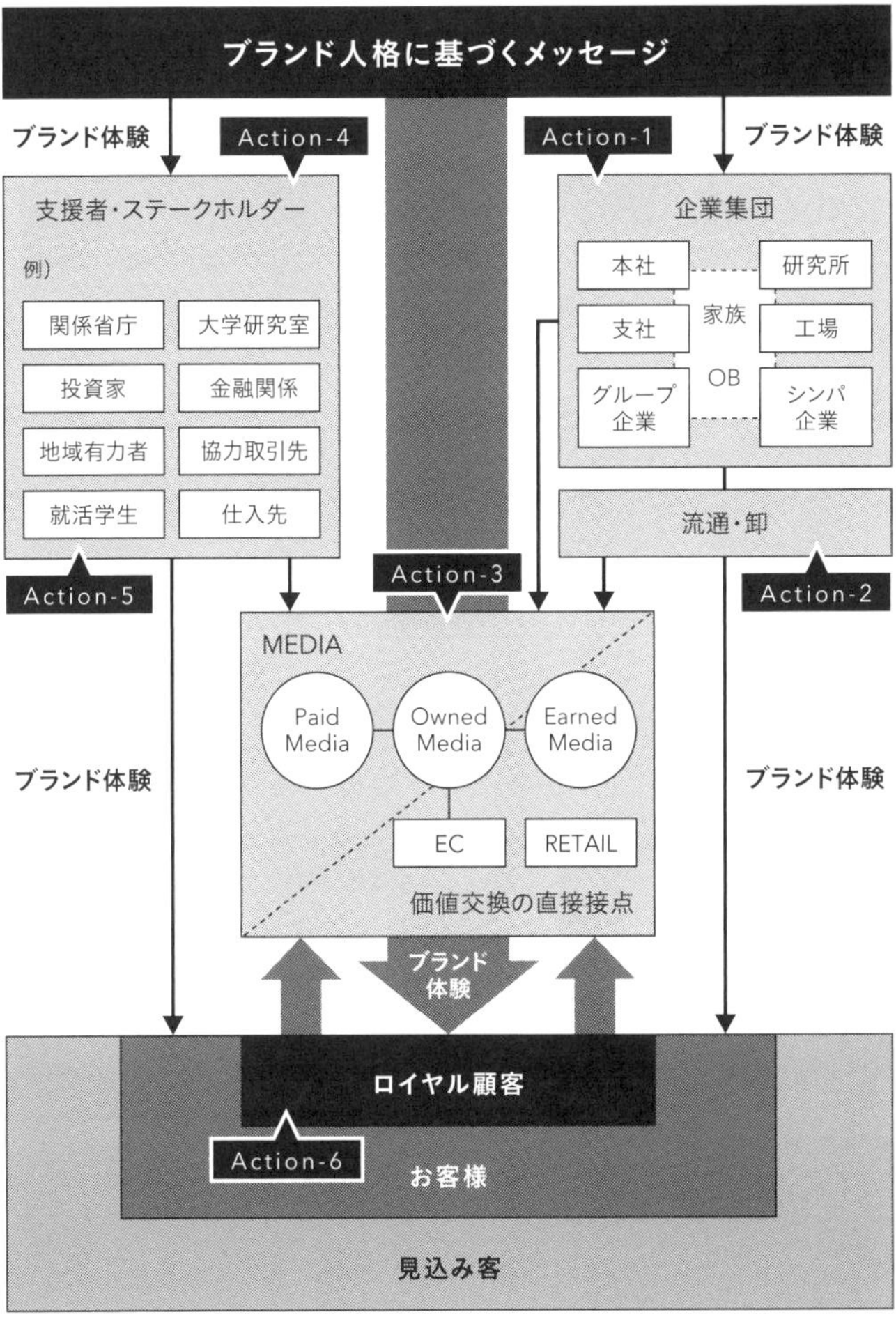

その際の留意点は、

- 一貫性のあるメッセージを軸にする。全ての基点はやはり「ブランド人格」です。バラバラにならず、多重人格にならないよう、統合した活動設計をめざす。
- 「あなたにとっての意味」にカスタマイズしたブランド体験を開発する。一貫性の軸を保ちながらも、それぞれの相手にとっての意味に変換し、活動事実を添えて、届ける。
- 各活動の目的・目標を明確にする。それぞれが、どの「相手」に対して、「どの『期待値』を築く活動なのか？」をあらかじめ明らかにしておくことで、活動設計と評価がより戦略的になり、次の活動改善につなげることができる。

4 小さな成功を糧に歩み続ける
――ブランディングの評価と補正（Check & Balance）

ここまでお話ししてきた、期待されたい相手とその姿を決めることは、ブランディング活動の成果を測るためでもあります。

第1章の「なぜブランディングはうまくいかないのか？」のところでもふれた通り、「ブランディングの成果が見えない」という壁にぶつからないために、あらかじめ目的を目標化しておきました。

結果としての〝イメージ〟ではない、次の成長に資する、意志を持った「期待値目標」です。

今度は、その目標に対して成果を測る方法を見ていきます。

どんなにユニークで素晴らしい「ブランド人格」が描けたとしても、それが相手に伝わっていなければ、「自分たちの誓い」の域を出ず、残念ながら、ただの自己満足に終わってしまいます。

だからこそ、結果としての〝イメージ〟ではなく、次の成長戦略に寄与する「ブランド人格」を描き、意志を持って「期待値目標」を定めました。独自の評価軸を自覚的に開発し、自らをそれに近づける努力が重要になります。

しかし、「期待値」としての成果が出るまでには時間がかかります。
人と人との関係がある程度の年月をかけて深まっていくことに似ています。
だからと言って、「3年後・5年後まで成果が測れない」というのでは、ブランド担当者は困ってしまいます。

そこで、段階をふんで成果を測っていくことにします。

その段階には三つあります。

ブランディングの成果を測る三つの段階

1．活動の質と量は十分か？

まずは、個々のブランディング活動の「質」を見ます。

「設計した、相手・テーマ・時期・手段が適切だったのか？」、そして「その相手に十分に届くだけの活動規模・フリークエンシー（接触頻度）だったのか？」と、活動の「量」の適性を見ます。


例えば、同じ活動の件数であっても、それが、地元の街や人に貢献する活動に集中している場合と、先端技術の研究やそれを活用した新製品開発の情報発信が多い場合とでは、社会やお客様から見える姿、期待することは違っています。

質の方向性と量のバランスを補正していくのです。

その結果、「あらかじめ設定した個々の活動目標を達成できたか？」、つまり、「一つひとつの活動にふれた相手にどのような効果があったか？」「意識や態度はどう変化したか？」を見ます。

個別の活動で好ましい成果が出ていれば、それを拡張していくし、そうでなければ、活動の質を再設計する必要があります。

2．語られた企業ストーリーの質と量は十分か？

次に、「活動を通して直接接点を持った相手以外への情報の波及はどうだったか？」を見ます。

例えば、PR活動で情報露出を図ろうとした場合、露出した件数や広告費換算など定量的な評価に加え、期待値を築くストーリーとして語られたかどうかの質（≒論調）を見ます。

〃ストーリーとして語られる〃というのは、つまり、「何をしたか」（活動結果）だけに留まらず、「何のために」（活動目的＝企業意志）まで語られるということで、むしろこのことのほうが大事です。

子ども向けの出張授業活動を例に挙げると、その指導結果を述べるだけでなく、その活動目的を「子どもに命の大切さを伝えたい」というストーリーとして語ります。

3．目標とした「期待値」はどこまで高まったか？

そして最終的には、めざすブランド像に対して、「ブランド関与は深まったか？」「ブランド期待値は高まったか？」を測ります。

第１章で取り上げた「ブランド戦略サーベイ」に代表されるような、公表されているブランド調査やランキングを活用するのも一つの方法です（他に、「日経企業イメージ調査」「ブランドジャパン」「顧客体験価値（CX）ランキング」などがあります）。

ただし、これらは一律の指標をもとに、横並びでブランド評価を比べたものなので、その結果を見て、一喜一憂する必要はありません。

あくまで、自分たちが「誰に、どのように見られたいか？　支持されたいのか？」の目標に対して結果を測ればいいのです。

公開されている指標のうち、自社ブランドの定めた目標と合致する指標・類似する指標を選び出し、その変化を見ます。

もし、目標に類似・合致する指標がなければ、自社で独自に調査をします。オープンデータと違い、自社のブランド戦略に合わせて対象者や設問を設定できるので、期待値効果を正確に測ることができます。重点指標や目標数値を定め、ベンチマーク企業のスコアを共に把握するとよいでしょう。年に一度の健康診断のように、ブランド診断の調査を自社で実施している企業も多くあります。

ブランド力を見る三つの視点

オープンデータを活用する場合も、独自調査で測る場合も、いずれもブランド指標を測る際には、次の視点が必要です。

1．精神的な関係性（マインドロイヤルティ）

認知・理解・関与・共感・愛着・支援……など、〝気持ちのうえでのつながり度〟を追求する。

「どれだけ好きか？」「ゆるぎない深い絆《きずな》を結べるか？」などを考える。

あるメーカーでは、どれだけ顧客が自社のブランドに熱狂しているかを測る「ぞっこん度」という独自視点を設けています。

2．期待値の方向性（ブランドイメージ）

ブランディングの目的に合わせ、築くべき期待（≒イメージ）を追求する。

カテゴリー共通で持つべき期待／競合に対して、優位に働く独自の期待……など。

3．行動との相関（アクションロイヤルティ）

「愛着や期待が、具体的な行動に顕れているか？」を追求する。

商品を買う、大量に買う、繰り返し永く買う、いろいろな種類を買う、他の人に推奨する、意見を寄せる……など。

個々の活動で小さな成功を積み重ね、その事実を情報として拡げながら、**望む相手に、望む姿で、理解され・期待され・支援される**強いブランドをつくっていくのです。

かんたんワーク　これから必要な「期待値」を考えてみましょう

あなたの会社では、これから どんな期待が必要でしょうか？	それは、どんな活動を通して 築けるでしょうか？

かんたんワーク 例

あなたの会社では、これからどんな期待が必要でしょうか？	それは、どんな活動を通して築けるでしょうか？
独自性	独自素材のブランディング。他社とのコラボレーション。
革新性	伝統に縛られず、現状を否定するような思い切った活動を新たに起こす。
グローバルでの信頼	新たに展開する海外の地域で、日本での実績や、その地域への思いを伝える。
社会性	これまでもやってきた社会貢献活動や環境への取組みを、しっかり伝え、仲間を集めてさらに発展させる。

第4章

「ブランド人格」が活きる（活かす！）

ここまで、「ブランド人格」を基点にした期待値づくりの進め方をご紹介してきましたが、ブランディングは、期待をつくって終わりではありません。

その先の、「期待にどう応えるか？」「つくった期待を、どこで・どう活かすか？」のほうが重要です。

1

何のための期待づくりか？

——期待値の機会化（活動の統合・連鎖）

期待値と等量の提案権が生まれる

提案権が生まれるということは企業にとって大きなチャンスですが、一方で期待に応える提案の責任が生じるということでもあります。

期待している企業が何も提案してくれなかったら、「がっかりする」「期待外れ」という、マイナスのスパイラルを生むことになってしまいます。

例えば、「リーディング イノベーション(Leading Innovation)*」を約束していた企業が、一方で不正会計などの不祥事を起こし、期待を裏切る結果となったケースがあります。

また「おいしさと楽しさ」を約束する食品メーカーでは、プロダクトだけでは「楽しさ」までを提供しきれないので、あらゆる企業活動で「楽しさ」の体験機会をつくろうと、懸命に取り組んでいます。

期待値を活かす
三つの市場

期待外れにさせないためには、どうしたらよいでしょうか。

期待値を活かせる機会は、大きく分けると三つあります。

＊Leading Innovation……先導的な技術改革。

1. 消費市場 「顧客」に対するマーケティング活動に活かす

最も多い機会は、マーケティングのフィールドでしょう。

自社のお客様からの期待を育て・拡げて、そこに新たな事業・商品・サービスの提案をするということです。

期待をされている状態なので、その提案はスムーズに受け容れられ、支持されるでしょう。第1章のブランディングの目的のところでご紹介した「16のチャンス」(38ページ)の図のうち、主に「事業課題」と「マーケティング課題」のチャンスに相当します。

2. 人財市場 「人財・関与者」に対する、ネットワーキング活動に活かす

消費市場以外にも、期待値を活かす機会があります。

その一つが、人材市場(人財市場)です。

従業員やステークホルダーなど企業関係者に対して、相手にとっての価値を提案し、企業への参画や支援を獲得するという機会です。これは「16のチャンス」のうち、企業課題の「②人的資源の創出」や「④インナー参画意欲の喚起」、またB to B

課題の「⑤ＢtoＢの関係維持と拡大」や「⑥新しいＢtoＢ取引創出」に相当するものです。

昨今注目されている、企業の「人的資源」を創造・育成する市場でもあります。

3. 資本市場　「株主」に対するＩＲ活動*に活かす

さらに、もう一つ重要な市場があります。資本市場です。

株主に対して、自社の成長戦略を提案し、安定的に事業資金を調達するという機会です。

これは最後の第6章で詳しくふれますが、「16のチャンス」のうち、企業課題の「①社会資本の取得」や「③財務体質の強化」に相当するものです。

＊ＩＲ活動……企業が株主や投資家に向けて、経営状態や財務状況、業績の実績、今後の見通しなどを発信する活動。

2

「企業」だけじゃない、ブランド人格の厚み——ブランドの体系化

三つの市場のうち、「2．人財市場」と「3．資本市場」については第6章で詳しくふれますので、ここでは「1．消費市場」について、より詳しく見ていきます。

消費市場で期待を活かすには、「企業」の社会への約束を、具体的な提案領域＝「事業」として示し、「商品・サービス」に実を結ばせる必要があります。

「企業」の約束を、具体的な提案領域＝「事業」として示す

「企業の想い・願いを、社会・お客様への価値の約束にした『ブランド人格』を、具体的にどんな事業領域で、どんな価値として実践するのか？」、事業価値を明らかにします。

このとき、事業の区分には、その企業の個性が顕れます。

例えば、同じ食品メーカーでも、素材そのもので事業を分ける企業もあれば、生鮮・食品・飲料など加工形態で分ける企業もあり、家庭向け・飲食店向け・医療施設向けなど顧客の特性で事業を分ける企業もあります。

それぞれに、「何を生業《なりわい》として事業展開しているか」「自分たちが役に立つ市場をどのような視点で捉えているか」が事業個性として顕れ、それを事業ブランドの人格としてメッセージし行動していきます。

提案領域＝「事業」の約束を、商品・サービスに結実する

さらに、その事業の約束は、具体的な商品・サービスに結び付けなければなりません。

どんなに素晴らしい企業・事業のブランド人格でも、最終的な商品・サービスとして価値化できなければ意味がありません。

もし、約束を体現する商品の開発・発売までに時間がかかる場合は、途中の研究・開発状況の情報発信や、企業活動などで、期待をつなぎます。

例えば、食の楽しさを提供すると約束したある食品メーカーが、それを具体的な商品・サービスにするまでに時間がかかる場合に、体験イベントやアンテナショップなどを展開して、楽しさの価値を示し続けたケースがありました。

お客様から見ると、「あの企業が言っていたことは、このことだったのか！」と実感することができ、企業人格のメッセージと行動がつながり、一つの物語が完結するのです。

企業から事業、商品へ。期待値の連鎖を設計するブランド体系

一つの企業の中にも、企業・事業・商品の各レイヤーにたくさんのブランドがあり、これらの期待を効果的につなぐ戦略が必要です。

いわゆる、「ブランドのフォーメーション＝ブランド体系」と言われるものです。各ブランドの範囲・役割・相互関係を明確にして、構造化することで、ブランド全体を包括的に把握し、効果的な運用・管理ができるようにします。

１．効果的で強力なブランドの創造

複数のブランドをうまく組み合せることで**シナジー効果**（相乗効果）を生み、ブラン

ド単体のときよりも効果的で強力な期待づくりが可能になる。

2．資源配分の効率化

企業全体のブランドの陣容を把握することによって、無駄のない効率的な資源配分の意志決定ができる。

・今最も注力すべきブランドは何か＝**戦略ブランドの決定**
・淘汰《とうた》すべきブランドは何か＝**既存ブランドの改廃・整理**

3．将来の成長可能性の基盤整備

ブランド陣容全体において、漏れの有無や新たな展開の可能性の有無を把握し、将来的に**新規参入可能な市場を発見**することができる。

ここで言う「ブランド体系」は、企業の組織図と混同されることがありますが、違います。

あくまで、社会・お客様からの期待という貯金を、どこに重点的に貯めて、そこか

■ ブランド体系化

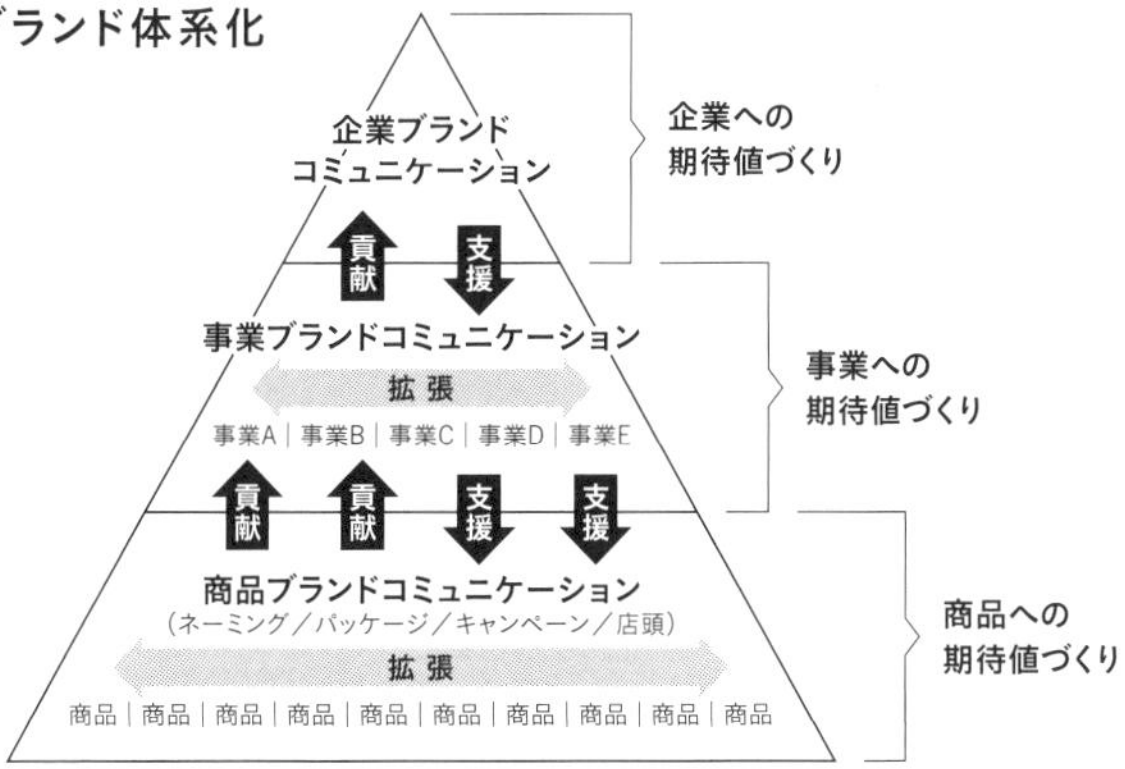

らどのように波及させていくかの戦略図です。

つまり、企業全体で考える「コーポレートブランディング」、ライフスタイルや技術などで括られる「カテゴリーブランディング」、商品レベルの「プロダクトブランディング」へと活動を連鎖させ、期待値を効果的に活かすための作戦を立てるということです。

例えば、衣類用の洗剤の場合、洗剤を単品で捉えるのではなく、生活習慣として「かしこい洗濯の仕方・節水」にまで結び付けたり、「環境にやさしい」ことを考えたりしてみると、新しい柔軟剤や節水型の洗濯機までも提案をすることができます。

■「企業人格」起点での事業体系の見直し

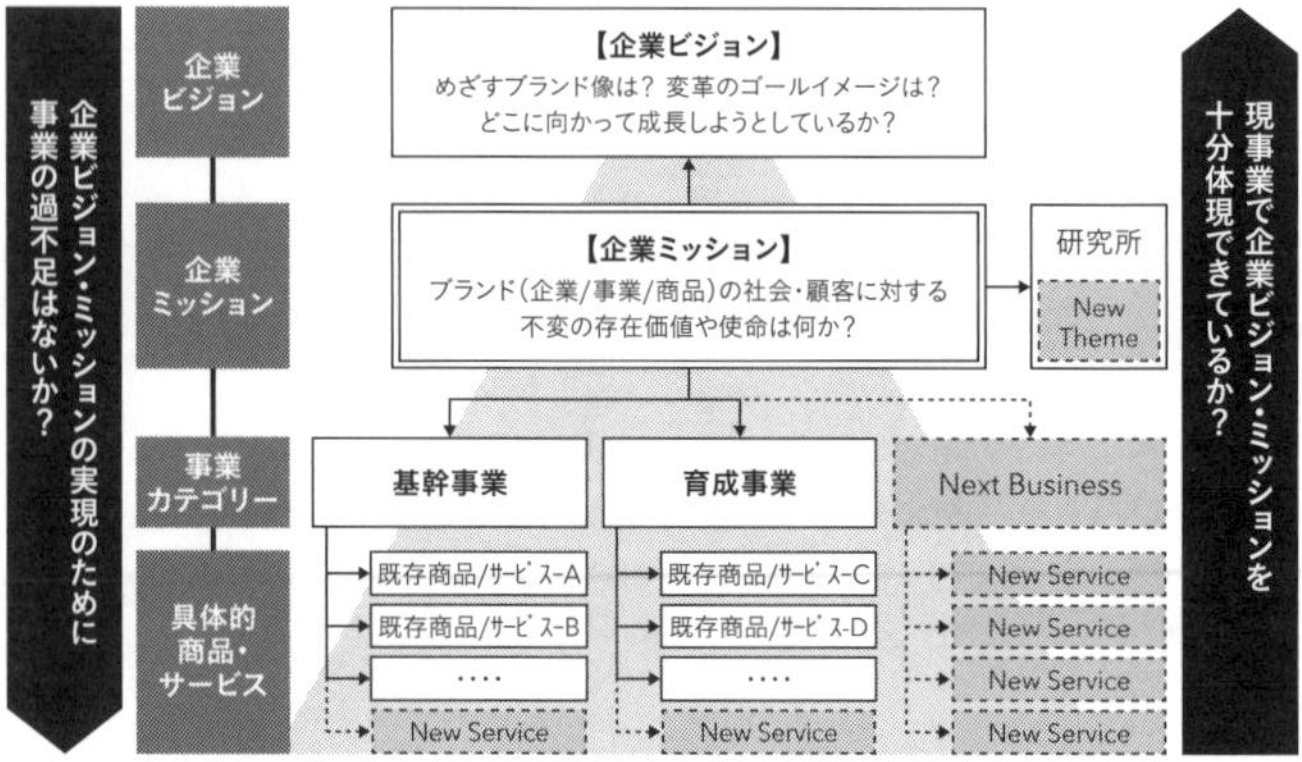

「企業人格」起点での事業体系の見直しへ

ブランド体系を考えていくと、その先に見えてくるものがあります。

「企業人格が掲げるビジョンやミッションを実体化するための、事業・商品が十分に適切に配置できているか？」ということです。

　事業ポートフォリオの空きや歪《ゆが》みが浮き彫りになり、今後開発や整備すべき領域が明らかになってきます。

　例えば、ある健康食品において、店頭販売と通信販売でお客様の層に違い（年齢や購入目的、支払い方の違い）があることが分かった場合、それぞれで足りていないサービスを考えます。

この意味で、ブランド戦略の中でも、このブランド体系の見直しは、とても重要なポイントなのです。

3

「顧客との関係に活かす」の厚み
――マーケティング戦略化

消費市場での期待値活用にフォーカスして、もう少し話します。

「ブランド人格を、どのようにマーケティング戦略として体現するか？」という、話になります。

築いた期待を活かし、応え続ける「マーケティング戦略」の実体化

まず、描いたブランド人格と、今展開しているマーケティング戦略を照らし合わせ、どれだけ体現できているかを点検してみましょう。

■**商品・サービス戦略**

・ブランド人格を体現するのは、どんな商品・サービスか？
・具体的に、誰に・どのように、役立つのか？
・基幹商品は何か？　ラインアップは十分か？
・今後どのようにエクステンション（商品拡張）していくか？　それは誰と共創するのか？

■**価格戦略**

・ブランド人格にふさわしい、価値を実感できる価格体系か？
・安売りで、ブランドの価値を棄損していないか？
・逆に、顧客が手に取れない価格帯を押し付けていないか？

■**流通（価値交換の顧客接点）戦略**

・リアル店舗やＥＣ・通信販売など、顧客が価値を入手するためのチャネルは質量共に十分か？
・その接点で、顧客はそのブランドをちゃんと見つけることができるか？
・その価値は誰に、どのように届けてもらうのか？

■**コミュニケーション・プロモーション戦略**

・ブランド人格を体現する商品・サービスの価値を、的確に伝えられているか？
・試用・使用・愛用に向けて、必要な情報と機会を提供し、背中を押しているか？

点検してみると恐らく、強化すべきこと、変えるべきこと、新たに足すべきこと、止めるべきことなどが、あぶり出されてくるはずです。

最も課題が多いのは、商品・サービスとしての実体化ではないでしょうか。

ブランド人格の、特にビジョンの部分を達成するためには、新たな価値を生み出さなくてはならないはずです。

ブランド人格をもとに、「どの方向で、どんな価値を足していけばいいか?」を考えます。

あるいは、思い切ったイノベーションが必要かもしれません。しかも、それは自前だけではなく外部の共創者が必要な場合もあるでしょう。

例えば、お酒を商品にしているある企業では、お酒は単なる手段であり、企業の使命は「人々の癒やしとコミュニケーションに役立つ」ことでした。

だから、健康上の理由やもともとお酒が飲めない方でも、お酒を飲む場や空間を楽しめるように、新たにノン・アルコールビールを提供し始めました。

「ブランド人格」にふさわしいマーケティング戦略の進化

このようにして、マーケティング戦略は絶えず進化していきます。

マーケティング戦略は、ブランド人格の行動の大部分を占めるものですから、歩みを止めることはありません。

商品・サービスばかりではなく、価格戦略や流通戦略、コミュニケーション戦略のあり方にもイノベーションがあるはずです。

目まぐるしく進化する技術を取り入れ、よりパーソナルな顧客の期待に応えるために、売り手側の視点の売り場づくりではなく、買い手側の視点の〝買い場づくり〟やコミュニケーションが可能になります。

そうして組み編んだマーケティング戦略が、ブランド人格の行動としてふさわしいかどうか、最後にもう一度確認してみましょう。

■ マーケティング戦略パッケージへ

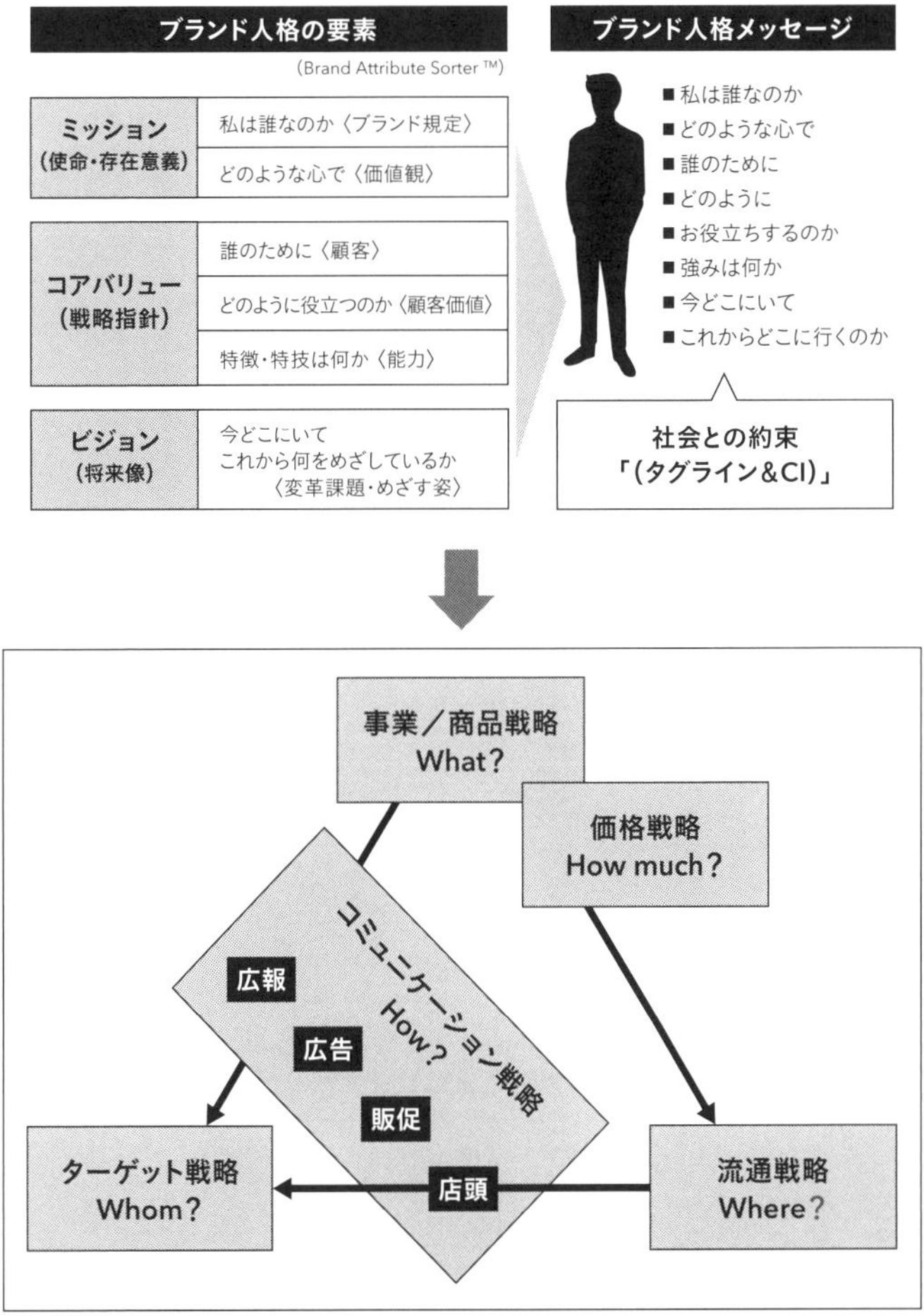
ブランド人格の要素
(Brand Attribute Sorter ™)
ミッション（使命・存在意義）
私は誰なのか〈ブランド規定〉
どのような心で〈価値観〉
コアバリュー（戦略指針）
誰のために〈顧客〉
どのように役立つのか〈顧客価値〉
特徴・特技は何か〈能力〉
ビジョン（将来像）
今どこにいて
これから何をめざしているか
〈変革課題・めざす姿〉
ブランド人格メッセージ
■私は誰なのか
■どのような心で
■誰のために
■どのように
■お役立ちするのか
■強みは何か
■今どこにいて
■これからどこに行くのか
社会との約束
「(タグライン＆CI)」
事業／商品戦略
What?
価格戦略
How much?
コミュニケーション戦略
How?
広報
広告
販促
店頭
ターゲット戦略
Whom?
流通戦略
Where?

その中で、「ブランド人格の個性が最も顕れている要素はどこか？」「何が成功の決め手になるか？（いわゆる「KFS：Key Factor for Success」）」も、一緒に定めておくといいでしょう。

4

次の成長に向けた物語の進化
——経営戦略化

企業の成長目標の達成に向けた経営課題の解決に活かす

当然ですが、社会からの期待値は、マーケティング戦略だけでなく、経営戦略そのものにも活かすべきものです。

最初に決めた「何のためにブランディングが必要か？」という目的に相応する「16

のチャンス」が経営課題や事業課題、社会課題にも及ぶ場合は、それらのチャンスをどう組み合わせて、経営目標を達成するかを考える必要があります。

活かすべき「16のチャンス」の相関・順列・ウェイト設計

例えば、築いた社会的期待によって、人材（人財）を確保したり、今いる社員の参画意欲を高めるシナリオを描きます。

また、投資家からの期待によって、事業成長への資金を調達し、新商品の開発や生産ラインの強化などに投資をすることで、中期的な経営目標を達成する、といったシナリオも描けるのです。

「どのチャンスを、どのようにつなげるのか?」と、複数のチャンスを関連づけ（相関）、順番に並べ（順列）、その比重（ウェイト）を設計します。

これが、株主総会などでステークホルダーに説明される、中期経営計画であり、企業の成長ストーリーになります。

かんたんワーク ブランド人格を活かした マーケティング戦略を考えましょう

ブランド人格の概要

ミッション	私は誰なのか	
	どのような心で	
コアバリュー	誰のために	
	どのように役立つのか	
	特徴・特技は何か	
ビジョン	これから何をめざすのか	

それを活かした、マーケティング戦略

商品・サービス戦略	
価格戦略	
流通(買い場)戦略	
プロモーション戦略	
K.F.S(重要成功要因)	

かんたんワーク 例

ブランド人格の概要

ミッション	**私は誰なのか**	良心のこもったものづくりで、“素材本来のおいしさ”を約束する人
	どのような心で	正直で、妥協のないこだわりを持つ
コアバリュー	**誰のために**	ものづくりのこだわりが分かる人たちに
	どのように役立つのか	世界から厳選した自然の実りを、楽しくお届けする
	特徴・特技は何か	原料調達力／加工技術／保存技術
ビジョン	**これから何をめざすのか**	自然の実りで心弾む暮らしを実現

それを活かした、マーケティング戦略

商品・サービス戦略	自然の実りそのものを実感できる商品ラインアップの拡充
価格戦略	高品質を証明する価格帯
流通（買い場）戦略	流通依存からの脱却 → D2C 事業の立ち上げ
プロモーション戦略	ミュージアムやポップアップショップなど体験企画の拡大
K.F.S（重要成功要因）	D2C 事業でのファンの育成

第5章

個性豊かな、多様な「ブランド人格」

ここまでブランド人格の描き方・活かし方をご紹介してきましたが、ここからはさまざまなブランドのタイプとその特徴、注意点を見ていきましょう。

1

ロングセラーブランドと新規ブランドを比較する

日本には長年にわたって、お客様から支持され続けているロングセラーブランドがたくさんあります。

日本の企業の平均寿命が37・5歳と言われている中で、50年以上生き続けているブランドや、なかには100年を超えるブランドもあります（参照：「帝国データバンク」日本企業のトリビア　https://www.tdb.co.jp/trivia/index.html）。

一方で、最近起業した新興企業のブランドも数多くあります。

先ほどの帝国データバンクによれば、直近10年で創業した企業は20万社に及ぶのだそうです。また、老舗企業であっても既存のブランドだけに甘んじていては成長できず、絶えず時代に合わせ新たなブランドを立ち上げています。

こうした長年支持され続けているロングセラーブランドと、新たに生まれた新規ブランドとでは、どのような特徴があるでしょうか？

ロングセラーブランドの条件と陥りやすい罠

これまでも多くの文献で、ロングセラーブランドに育てるための秘訣《ひけつ》がまとめられてきました。

なかでも、長年ブランド研究を続けてこられた、青木幸弘教授（学習院）の示唆は明解です。ロングセラーブランドに見られる共通項と条件が、分かりやすくまとめられています。

■ロングセラーブランドに見る共通項

・**明確なコアベネフィット**が存在する（誰にどのように役立つか？）。
・**独自技術**を基盤とした持続的な競争優位性がある（特長・特技は何か？）。
・便益を伝える**優れたコミュニケーション**によって支えられている。
・アイデンティファイアー**（ブランド識別の手がかり）の一貫性**がある。
・可変部分によって**市場変化に積極的に対応**している。

■ロングセラーブランド化のための四つの条件

「**革新性**」……ロングセラー化の初期条件としての（サブ）カテゴリー創造
「**一貫性**」……アイデンティティ確立のための普遍的要素の維持
「**適応性**」……リニューアル／拡張による市場変化（課題）への適合
「**継続性**」……顧客との関係性（絆《きずな》）維持・強化のための持続的マーケティング努力
（出典：青木幸弘「ロングセラーブランド化の条件と課題」『マーケティングジャーナル』1998年18巻1号）

これらは1998年の論文でまとめられたものですが、今日《こんにち》にも通ずる不変の法則ではないかと思います。

そして、特に共通項として挙げられた五つの事項は、魅力的で好かれて永続きする「ブランド人格」が満たすべき要件でもあります。

さらに、ロングセラーとして育ってくると、注意しなければならない点がいくつかあります。

２００５年に英国の作家マット・ヘイグによってまとめられた、ブランドの失敗事例はとてもユニークですが、どれも私たちが陥りやすい事象ばかりです。

- **ブランド記憶喪失症**……時間の経過と共に立脚点を忘れてしまう。
- **ブランドうぬぼれ病**……市場を支配していると実力を過大評価する。
- **ブランド誇大妄想狂**……あらゆる商品カテゴリーに参入し市場を支配したくなる。
- **ブランド詐欺罪**……ブランドを大きく見せたり取り繕ったりする。
- **ブランド疲労症**……自分たちが先に飽きて新たな努力をしなくなる。
- **ブランド偏執狂**……競合を意識しすぎて、場当たり的な策を講じる。

・ブランド時代遅れ病……技術革新についていけず取り残されてしまう。

（出典：マット・ヘイグ 著、田中洋・森口美由紀 訳『あのブランドの失敗に学べ』ダイヤモンド社、2005）

これらから言えるのは、**長く生き続けているブランドは、もはや企業だけのものではない**、ということです。

ある部分では、お客様の手にその価値が渡り、お客様によって育てられているのです。

だからこそ、絶えず自分たちがブランドを生み出した根源であるブランド人格をもとにお客様との対話を重ねながら、変えてはいけない人格の軸と、進化しなければならない要素を見極める必要があります。

新規ブランドの挑戦

■ 3C分析とブランド検討時の要件

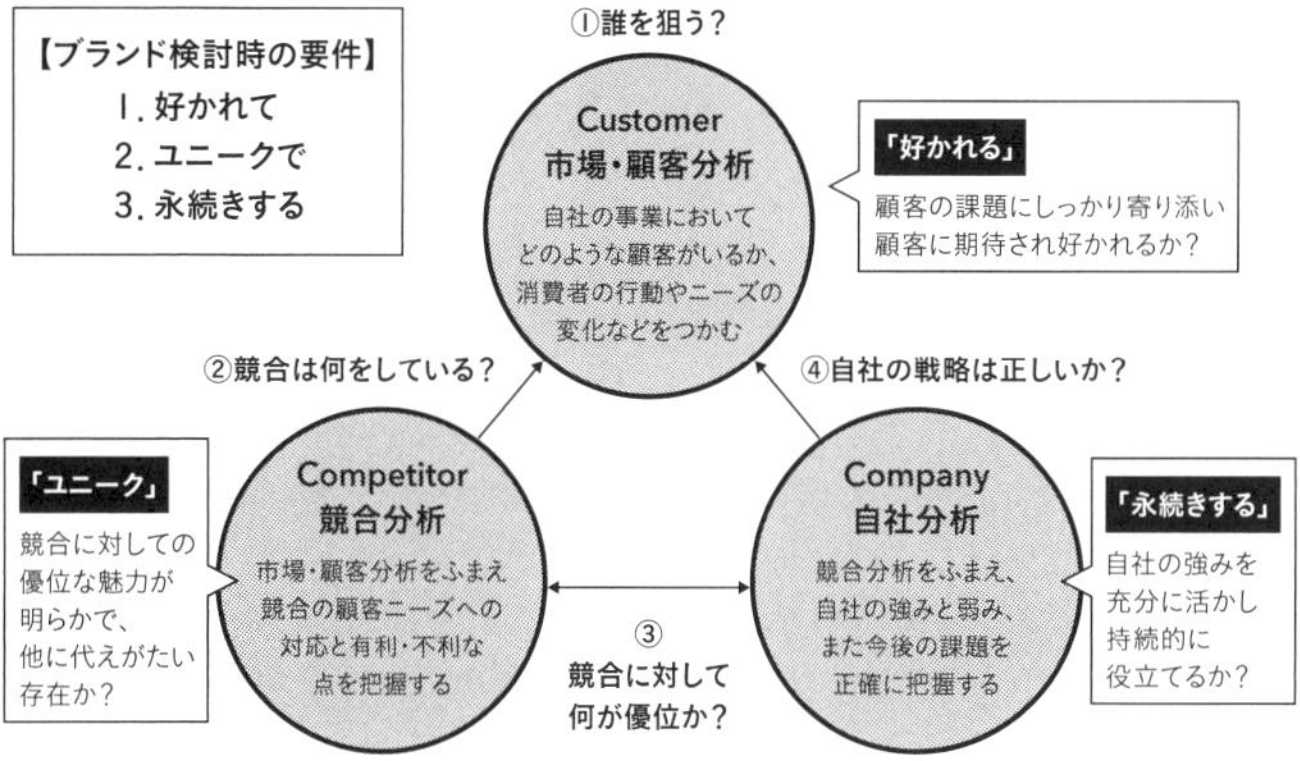
【ブランド検討時の要件】
1. 好かれて
2. ユニークで
3. 永続きする
①誰を狙う？
Customer
市場・顧客分析
自社の事業において
どのような顧客がいるか、
消費者の行動やニーズの
変化などをつかむ
「好かれる」
顧客の課題にしっかり寄り添い
顧客に期待され好かれるか？
②競合は何をしている？
④自社の戦略は正しいか？
「ユニーク」
競合に対しての
優位な魅力が
明らかで、
他に代えがたい
存在か？
Competitor
競合分析
市場・顧客分析をふまえ
競合の顧客ニーズへの
対応と有利・不利な
点を把握する
③
競合に対して
何が優位か？
Company
自社分析
競合分析をふまえ、
自社の強みと弱み、
また今後の課題を
正確に把握する
「永続きする」
自社の強みを
充分に活かし
持続的に
役立てるか？

一方で、新たに生み出されるブランドはどうでしょうか？

ロングセラーのブランドとは異なり、お客様にとっては「はじめまして」の状態で、期待という貯金がまだありません。

だからこそ、守るべき要件もなく、いかようにも自分を演出することができます。

新たなブランド人格を描く際の注意点は、左記です。

「**好かれる**」……相手の課題に対する役立ちが明確で、納得感・共感を得られるか？

「**ユニーク**」……既存のブランドとは違う、他に替えがたい優位な魅力があるか？

「永続きする」……自社の強みを十分に活かし、一過性ではなく持続的な信頼感があるか？

もちろん自立したブランドとしてしっかり人格を描くことが大事ですが、第4章の「2.『企業』だけじゃない、ブランド人格の厚み——ブランドの体系化」（148ページ）でご紹介した通り、企業の中にブランドが複数存在する場合、相乗効果があると判断すれば、すでにある他のブランドの期待値資産を借りることも有効です。

■ ロングセラー／新規ブランドの開発・育成視点　まとめ

ロングセラーブランド	新規ブランド
留意点 ○ブランドがすでにお客様の手に渡っている。企業だけのものではない。 ○一方で、絶えず新しい提案がなければ、すぐに古くなってしまう。	**留意点** ○「期待」の貯金がない。 ○その分、自由度は高い。
↓	↓
中核のブランド資産（期待とそのトリガー）が何なのか、を自覚し、変えるもの、変えないものを見極める。	・明快な自己紹介（お役立ちと特長・特技） ・上位ブランドや既存ブランドから借りられる資産は活用する。

2
コーポレート・ブランドとプロダクト・ブランドを比較する

次に、「コーポレート・ブランド（企業ブランド）」と「プロダクト・ブランド（商品ブランド）」との違いと特徴を見てみましょう。

「コーポレート・ブランド」と「プロダクト・ブランド」の関係

第4章でふれたように、一つの企業の中にも、企業・事業・商品の各レイヤーにたくさんのブランドが存在します。それらをどのように関係づけ、相乗効果を生み出すかの作戦が大事だと述べました。

では、ブランドのレイヤーごとのフォーメーションを考える際に、どのようなパターンが考えられるでしょうか?

・最上位ブランドの傘に期待を集中させる「**マスターブランド型**」
・逆に、個別の商品ブランドがそれぞれ独立して活動する「**個別ブランド型**」
・企業ブランドと商品ブランドの両方を育てる「**サブブランド型**」
・商品ブランドを重視し、上位の企業ブランドがそれを保証する「**エンドース型**」

などがあります。

当然ながら、上位ブランドに期待を集中させる場合、経営資源を一カ所に投下できるのでコミュニケーション効率は高まりますが、上位ブランドに何か事故があった場合、全ての下位ブランドに影響しますのでリスクも高いです。

■ コーポレート・ブランドとプロダクト・ブランドの関係性

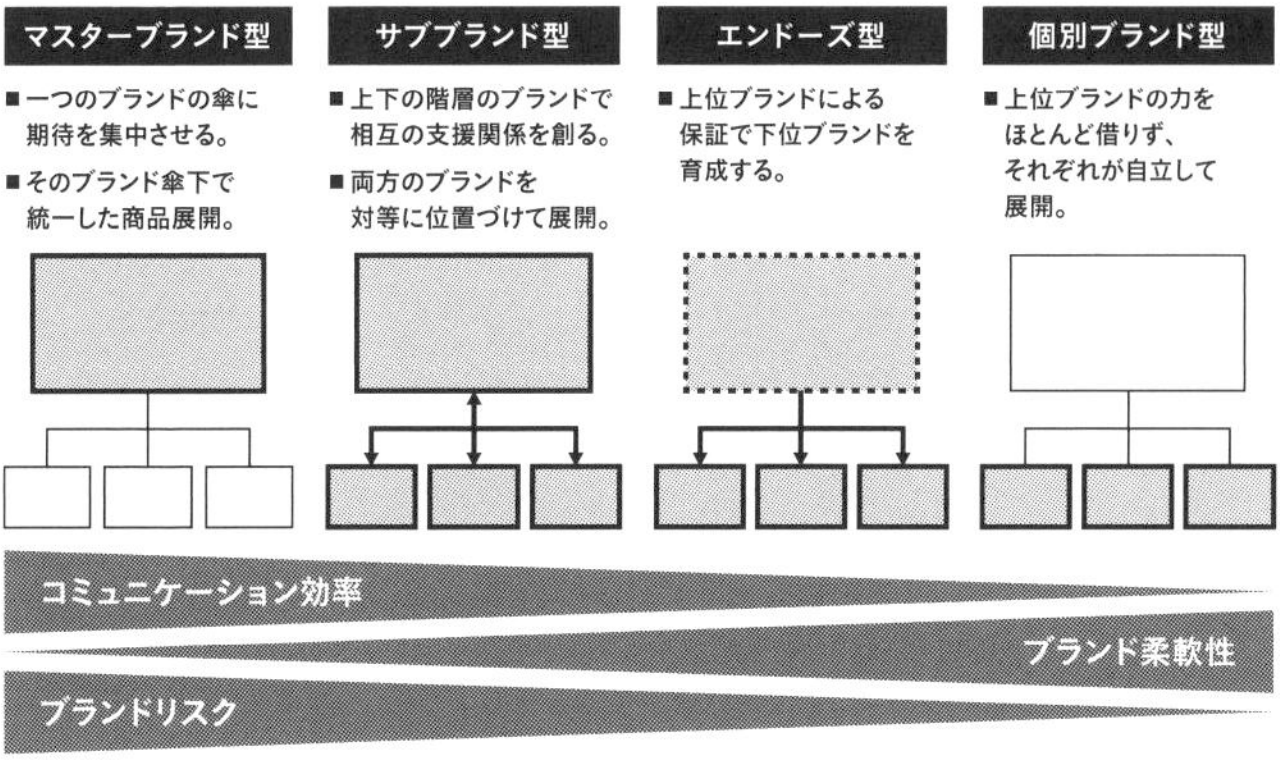
マスターブランド型
■一つのブランドの傘に期待を集中させる。
■そのブランド傘下で統一した商品展開。
サブブランド型
■上下の階層のブランドで相互の支援関係を創る。
■両方のブランドを対等に位置づけて展開。
エンドーズ型
■上位ブランドによる保証で下位ブランドを育成する。
個別ブランド型
■上位ブランドの力をほとんど借りず、それぞれが自立して展開。
コミュニケーション効率
ブランド柔軟性
ブランドリスク

一方で、上位ブランドの傘の力を借りずに、各商品ブランドが個別に展開する場合、グループとして縛られる要件はないので自由度は高まりますし、何かブランドにトラブルが起こった際も、影響範囲はその商品ブランドに留まります。

また、商品ブランドごとのM&Aも比較的やりやすいでしょう。

ただし、それぞれにブランド育成の投資が必要になり、企業全体としてコミュニケーション効率は下がります。

〝上位ブランド〟としての「企業ブランド」とは

最上位に位置づくコーポレート・ブランドの場合、傘下にどこまでのカテゴリーがあり、どんな商品ブランドの約束を保証するのか、カバー範囲を意識しておく必要があります。

「企業」全体の社会への約束を、具体的な提案領域＝「事業」としてカテゴリーブランドが示し、「商品・サービス」ブランドとして実を結ばせる、という連鎖の中で、どの程度に互いが強い連携を図るのか？

場合によっては、あえて連携させないブランドも出てくるかもしれません。

■A社の事例

清掃や衛生の分野での役立ちを約束している企業。

その傘下にある、クリーニングサービスや掃除用具の展開では、企業ブランドの力を借りるが、別の食品事業では、あえて企業ブランドを前面に出さない戦略をとった。

■B社の事例

自然の恵みを加工して、人の健康に貢献しようとする企業。

他社の乳酸菌事業をM＆Aするかどうか検討する際に、企業ブランドの約束の中に入るかどうかが、一つの判断基準となった。

カバーすべき範囲が特定できたら、最上位のブランドは、傘下に展開する事業・商品ブランドの育成のために、また将来の新たなブランドを生み出すために、どのような期待を築くべきかを考え続けます。

例えば、ある企業は、自社が持つ研究力・技術力・シーズを語り、商品ブランドたちの信頼をバックアップしますし、また別の企業は、グループ全体としての使命と貢献領域の幅の広さを語り、次の展開への期待をつくり続けたりするのです。

余談ですが、コロナ禍においては、大打撃を受けた商品・サービスブランドが多数ありました。

その際に、その上位にある企業ブランドは、いっせいに「自分たちの役割」についてメッセージしています。

単なるモノではなく、コトの価値に言及し、社会にとっての役割を示し、期待を持続させよう、と努力していました。

言い換えれば、企業ブランド人格の使命・価値観について改めて自覚したということでしょう。

傘下にある「商品ブランド」とは

一方で、企業ブランドの傘下にある、個々の商品・サービスブランドでは何を留意すればいいでしょうか。

まず大事なことは、ブランドフォーメーション全体の中で、このブランドがどこに位置づいているかを確認することです。
「上位や横にあるブランドが、どのように見られ、どのように期待されているのか？」「その期待の貯金を、どの程度活かすのか？」を、意志を持って戦略を組み立てることが必要です。

企業ブランドの力を適切に借りることができれば、新商品ブランドのデビューもスムーズになるでしょう。

また、横にあるブランドと組み合わせることで、独自のカテゴリー価値を生み出し、単体商品で展開するよりも、優位性を発揮できるかもしれません。

また、周囲の力を一方的に借りるだけでなく、その商品ブランドを「誰にどう期待されるか」によって、上位の企業ブランドの新たな価値を実証することになり、商品ブランドが企業ブランドに貢献することもできます。

このようにブランド体系の中で、うまく相乗効果を生み出していくことが大事なのです。

■ コーポレート・ブランドとプロダクト・ブランドの開発・育成視点まとめ

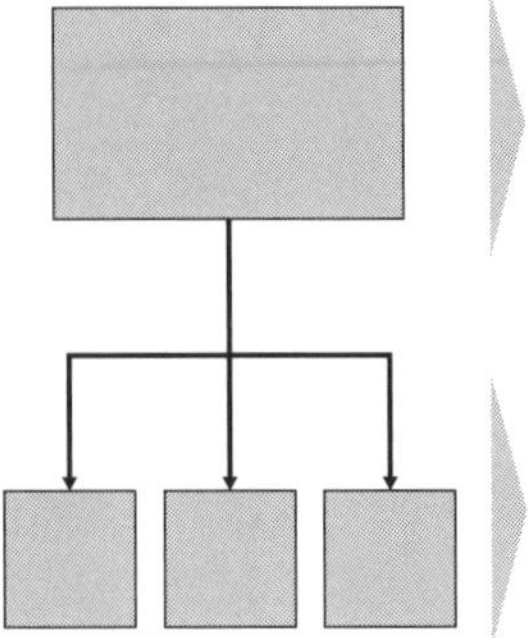

コーポレート ブランド

○傘下に置くカテゴリー・プロダクトのカバー範囲
○ブランドの連携度・役割
○今後の成長戦略（次の拡大領域）

…等を確認のうえ、必要な期待を明確にする。

プロダクト ブランド

○上位ブランドの期待度
○そのうち、何をどの程度借りるか
○上位ブランドへの貢献役割

…等を確認のうえ、必要な期待を明確にする。

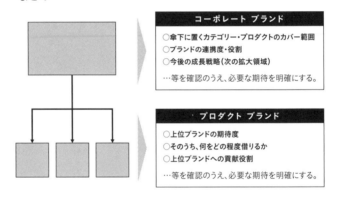

3

B to Cブランドと B to Bブランドを比較する

多様なブランドの最後に、「B to Cブランド」と「B to Bブランド」という、ビジネス構造の異なるケースの違いと特徴を見てみましょう。

「B to Cブランド」と「B to Bブランド」の違い

――市場構造の違いと重視されるポイント

B to Cビジネスの顧客は、一人ひとりの一般生活者です。

この場合、お客様は、店頭や広告を通してブランドに接します。

企業側から言えば、メディアや流通を介して、間接的にお客様の期待をつくる必要があるわけです。

こうした構造にあるBtoCでは、**商品ブランドとしての個性**が重要な役割を果たし、企業・事業ブランドは品質保証としての補完的役割になります。


一方で、**BtoBビジネスの顧客は、取引先の企業**です。

多くの場合、商談を通して、直接商品価値を伝えることができます。

こうした構造のBtoBでは、商談に辿《たど》り着くまでの**企業・事業ブランドの信頼・品質**が重要な役割を果たします。


例えば、食品メーカーの商品パッケージを比べてみてください。

BtoCブランドの商品パッケージには、保証としての企業ブランドロゴに加え、個性豊かなネーミングと、その特性を表すコピーやビジュアルが配置されています。

店頭の棚に並んだときにも目立つよう「私を見て！」と言わんばかりに、ブランド人格を全身で主張した彩りになっています。

かたや、B to Bブランドの商品パッケージは、商品属性が明確に分かる一般名称に近いネーミングと、成分や容量などのスペックが明示されています。

余分な装飾はなく、発注がしやすいよう番号などの識別記号が並んだ、とてもシンプルなものが多いです。

■ BtoCブランドとBtoBブランドの開発・育成視点　まとめ

BtoB ブランド

主な特徴

○直接の商談・取引が可能
○顧客数は限定的
○購買者≠価値の最終受益者
○ある程度の期間をもった取引が前提
（長期的な関係になりやすい）
○複数が関与し、理性的・合理的に判断

・まず商談に持ち込むために、
企業/事業ブランドへの信頼・期待を築く
（ブランド広告、広報活動）
・商談時には、スペックの優位性が
しっかり識別、理解されることが重要
（マーケティング活動：カタログ、PKG）

BtoC ブランド

主な特徴

○流通・店頭を介して購入取引
○顧客数は大多数
○購買者＝価値の最終受益者
○大半は、その都度で取引完結
（短期的な関係の積み重ね）
○個人が自分の満足度で感情的に判断

・店頭や広告を通して間接的に
お客様の期待を創る必要があるため
全てのコミュニケーション機会で
商品ブランドとしての個性が重要な役割を果たす
・企業・事業ブランドは
品質保証としての補完的役割に

B oBブランディングのもう一つの視点
――素材・成分ブランディング

BtoCブランドとBtoBブランドの両方の視点を持つ、もう一つのブランディングのケースをご紹介しておきましょう。

自社で最終商品化したものをブランディングする以外に、独自の素材や成分・部品を他社の商品に活用してもらう、「**BtoBtoCのブランディング**」の方法です。

この場合、直接の顧客は素材・成分を使ってもらう取引企業ですが、そのセットメーカーを飛び越えて、あるいはセットメーカーと共同で、その先の一般消費者に対して、素材・成分のブランディングを行います。

有名なところでは、PCのCPUや半導体のメーカー「インテル（intel）」や、防水アイテムの代名詞とも言える「ゴアテックス（GORE-TEX）」、耐熱・耐腐などのフッ素樹脂の「テフロン（Teflon）」、自転車部品と釣具の「シマノ（SHIMANO）」などがあります。

いずれも、視認性の高いロゴマークや呼びやすいネーミングを開発し、一貫性のあるブランド管理をしているのが特徴です。

■「ブランド人格」事例

これからの社会になくてはならないソリューションを開発し、その社会実装をめざすベンチャー企業の成長のためには、多くのステークホルダーを巻き込むことが欠かせません。

顧客はもちろん、投資家、エンドユーザー、アライアンスパートナー、メディア、地方自治体等さまざまです。

多方面から自社事業に賛同を得ることが、事業推進に欠かせない視点です。

ブランド人格の実装事例としていくつかのベンチャーとのお取り組みの事例をご紹介しながら、経営者のインタビューをご紹介したいと思います。

・nat株式会社(nat Inc.)

「スキャナット(Scanat)」というライダーセンサー搭載のiPhoneやiPadで空間を動画撮影し、デジタル上にデジタルツインを構築し、図面のない現場での現調や計測が難しい現場での測量を円滑化し、経営の効率化するプロダクトを開発している企業。

今後の飛躍的な成長をめざし、一貫した企業施策(営業や広報連携等)を推進するため、「ブランド人格」を検討した。

〈営業統括部長・若狭氏〉

ベンチャー企業は動きながら事業をつくって、ブランドをつくっていきます。柔軟性を持つべきところと、変えてはいけないところを自分たちの中に明確に持っておく必要があります。

そうした意味でも、人が成長していくのと同じように、自分たちを俯瞰《ふかん》できる人格モデルがあったことはよかったと思っていますし、これからもこれをベースに事業拡大を検討していきたいと思います。

〈代表取締役ＣＥＯ・劉氏〉

当社にとって重要なのは、いかに仲間を集めるかです。

ベンチャー企業はまだ世の中に知られている企業ではありません。

だからこそ、志が大切です。私たちの志を言葉にして、社内外にご説明するときに、ブランド人格の要素はとても重要でした。

■nat株式会社のブランド人格

ミッション	私は誰なのか〈ブランド規定〉	"空間をデジタル化し、未来を創造する" 3D Digital Infrastructure nat
ミッション	どのような心で〈性格・価値観〉	・ソーシャルペインを可能性に変え続ける「挑戦心」 ・想像力と、創造性を忘れない「ワクワク感」 ・人が主役の社会をデータから支える「ハイタッチなまなざし」

↓

コアバリュー（戦略指針）	誰のために〈理想の対象者〉	「空間」に関するペインを抱える会社・事業。 - 例えば、空間調査（現調等）で手間と費用と時間を投じざるを得ない企業。 - 例えば、空間を手に取るように把握し、業務の生産性を向上させたい企業。 - 例えば、生産人口減少社会においても、空間関連事業の提供品質を維持向上させたい企業。
コアバリュー（戦略指針）	どのように役立つのか〈提供価値〉	「現実空間」を３Ｄのまま取り扱うツールとプラットフォームにより、**生産性の向上とクリエイティビティの解放**を支援すること。
コアバリュー（戦略指針）	特長・特技は何か〈能力〉	・誰もが活用可能なUXを構築するための「ヒューマンセントリックな設計思想」。 ・常に顧客の課題を解決し、共に成長する「企業マインド」。 ・メーカーや外部協力先との良好な「パートナーシップ構築体制」。 ・３Ｄ空間スキャンアプリ「Scanat」を開発・実用を可能にした「開発体制」。

↓

ビジョン	今どこにいてこれから何をめざしているか〈変革課題・ビジョン〉	「現実空間」を高精度にデジタライズする技術により、空間に関わる産業のインフラとなり、安心・安全で、豊かな社会を実現すること。 （空間スキャニング＋空間コミュニケーション＋空間ソリューション＝空間インフラストラクチャ）

「ミッション」「ビジョン」「バリュー」だけでは不足する視点があったことにより、深い連携が取れるようになりました。

今後も成長のフェーズに合わせて、アップデートを図っていきたいと思います。

・株式会社イノビオット（Innoviot）

子どもの個性を大切にするデジタルコンテンツプログラムと、専門のコーチングにより、子どもが生涯にわたっていきいきと輝き続けられる社会を実現するベンチャー企業。

子どもの「個性」が見える化するから、その保護者の意識も変革し、資産形成への明確な指針と意欲まで向上させることが可能である。

参画するステークホルダーが多岐にわたるのが当社の特徴であり、多くの方の共感ベースの巻き込みを促すために、ブランド人格を検討している。


〈代表取締役ＣＥＯ・福田氏〉

当社は、神戸や浜松、東京、大阪、千葉に拠点がありますし、コーチは全国に点在

■株式会社イノビオットのブランド人格

ミッション	私は誰なのか 〈ブランド規定〉	子どもが主役だから、「好き！」を自ら見つけ、安心して探究し続けられる第3の居場所。
	どのような心で 〈性格・価値観〉	・人生は「挑戦」と「探求」の連続なんだ！という「ワクワク感」 ・誰もが個性を活かせると「信じる心」 ・人生の主役は、子ども本人であると「見守るまなざし」

↓

コアバリュー（戦略指針）	誰のために 〈理想の対象者〉	子どもの成長のために、何かをしてあげたいが、何をすればよいのか具体的に分からないし、相談相手もいない迷える親や教育関係者。 （子離れはしたほうがいいけど、見守りはしないといけないよね） （親と子どもと、先生の関係性が明確化されていない問題を指摘）
	どのように 役立つのか 〈提供価値〉	親は学ばせたいことが、たくさんあり、させたい。子どもは自分がしたいことを本来的にしたい。このギャップを埋め、親と子どもがみらいい関係を作り、子どもが成長し、親がそこに喜びを見出す。（子育てに自信）
	特長・特技は何か 〈能力〉	・子どもの興味を引き出す、優れたコーチングスタッフ。 ・子どもが興味を示せる、ゲーミフィケーションプログラム。 ・子どもの興味を見出す、多様な企業協賛プログラム（金融・キャリア）。 ・親が同時に、子どものやりたいことを理解し、それを応援する金融プログラム。

↓

ビジョン	今どこにいて これから何を めざしているか 〈変革課題・ ビジョン〉	子どもの自信が、親・みらいいコーチに波及し、みらいい卒業生も合流することで、子どものための「真のコーチ」が増え続ける。そのことを通じ、互いの個性を認め合える可能性溢れる日本社会をめざし続ける。

しています。

サービスを提供する人財が、当社にとっての資産です。また、当社の関与する子どもの保護者もステークホルダーです。

これまで手探りで展開し、スモールサクセスを積み上げてきた当社にとって、多くの人に当社を説明する「一貫した視点」が大切だと感じていました。

ブランド人格の設定に取り組んでみて、自分たちが認識していなかった、企業や事業の真価についても考えるきっかけを得ることができました。

ブランドというのは、「いかにそこに参加したいか」を人に思っていただけるかが重要で、そのためには、無機質な言葉ではなく、生身の人に重ねた人格の表出が大切なのだと実感しています。

・株式会社インフレクト（インフルエンサー総研）

ＡＩテクノロジーを活用し、インフルエンサーをマーケティングステップに参加することで、イノベーティブな製品やサービスを企業と共創するプログラムを提供している企業。

これまでメディアとしてのみ利用されていたインフルエンサーを、企業の「Co-sumer」、つまり共創者として定義し、積極参画を促す新サービスを提供している。その活動の「見える化」をするためのメディアとして、「インフルエンサー総研」を立ち上げた。

〈代表取締役CEO・赤谷氏〉

「ミッション」「ビジョン」「バリュー」の定義には、社会／未来には何が必要で、その達成をいかに行うか、あるいは、そのためにどのような価値を提供できるのか、というように、「社会や未来に対する、自身の存在意義を考え抜かなければいけない」という大変な作業があります。

ブランド人格モデルがあったことで、一貫性を保ちながら、自分たちが振り返れるところをつくれたことは、とても意味があったと感じています。

私たちの事業は、企業やインフルエンサー、生活者と多くの方の参加が不可欠になっています。

これらの人たちと「同じ志」を持ち、同じビジョンを描くためには、当社として明

■株式会社インフレクトのブランド人格

ミッション	私は誰なのか〈ブランド規定〉	マーケティングの民主化とサステナビリティを実現する「ライフ共創システム」の在り方を発信するオープンプラットフォームである。
	どのような心で〈性格・価値観〉	・Be Relational　関係の力を信じ、 ・Be Inspirational　クリエイティブを常に、 ・Be Inteligence　知的に真摯さを忘れずに、 ・Be Maverick　大胆に社会を変革していく。
↓		
コアバリュー（戦略指針）	誰のために〈理想の対象者〉	・ライフを知り尽くし、広く発信していきたい「インフルエンサー」 ・ライフをカスタマイズしてより良くしたい「生活者」 ・インフルエンサー含む生活者とのダイアログを通じてライフへ貢献したい「企業」（事業会社、マスメディア、広告会社、コンサルティング系企業含む）
	どのように役立つのか〈提供価値〉	より多くの生活者を、価値の発信・共創ができるインフルエンサーとして育成する。インフルエンサーと共に、情報をキュレート＆クリエイティブし続ける。その結果で、企業と生活者をミドルファネルでつなぐ。
	特長・特技は何か〈能力〉	三つのクオリティを担保するシステムを持つ。 ・インフルエンサーの認証制度（人のクオリティ） ・キュレーションによるコンテンツマーケティング（情報のクオリティ） ・プロデューサーによる企業共創の推進（連携のクオリティ）
↓		
ビジョン	今どこにいてこれから何をめざしているか〈変革課題・ビジョン〉	誰もが、自らの個性を活かし、オリジナルライフをコ・クリエイトできる社会を創造していくこと。

確な言語化が不可欠ですし、今後も継続したアップデートをしていきたい、と考えています。

・H．I．F．株式会社

「本来融通されるべき人」のためにというスローガンのもと、法人・個人に対する新しい「与信」を提供し、資金循環を円滑化する事業を推進している。今後の成長に際し、ステークホルダーに対して当社の社会的な役割を明確に説明するために、ブランド人格をまとめた。

〈代表取締役CEO・東小薗氏〉

当社の存在意義が言語化されたことで、より明確に、従業員に対して行動指針を提示することができました。

経営者が考えていることを意志伝達することは、とても大切だと考えています。

■H.I.F.株式会社のブランド人格

ミッション	私は誰なのか 〈ブランド規定〉	「正しい与信」を社会に取り戻す唯一の変革企業である。
	どのような心で 〈性格・価値観〉	絶対に「NO」と言わない顧客愛とそのための柔軟な心 ・人を信じる気持ち ・テックタッチではなく、ヒューマンタッチ ・常識を疑う気持ち ・仮説を常に探し続ける挑戦心 ・さまざまな角度から見立て、救う眼差し ・協業のためのオープンマインド
↓		
コアバリュー(戦略指針)	誰のために 〈理想の対象者〉	真面目に、ものごと・人生に向き合う方。経営者、起業家、新規事業担当者、経営企画担当者、生活者。
	どのように 役立つのか 〈提供価値〉	・返済能力ではなく、返済意思も見る、AI定性与信審査の提供。 ・正しい与信を普及するためのAI定性与信審査回路の提供(協業)。 ・正しい与信に基づく、保証、債権流動化、決済サービスの提供。
	特長・特技は何か 〈能力〉	ひらめきと、発想と、仮説から始める。「人」と「AI」。 ・「人」とは…常識を疑い、顧客のために柔軟に考え続ける、同じ価値観を持つチーム。 ・「AI」とは…発見した行動経済学モデルを社会に実装するためのツール。
↓		
ビジョン	今どこにいて これから何を めざしているか 〈変革課題・ ビジョン〉	与信審査を改革し、正しく与信を受けられる社会をつくる。 それはつまり、「正しい金融」のあり方となり、人と人をつなげる役割を担い続け、挑戦できる社会となる。

第6章

ブランディングの拡がり

「ブランド人格」で、拡がる人的ネットワークがあり、新しい価値観が発生することを紹介します。

また最後に、企業の危機におけるブランド人格の強さについて述べます。

1

「人財」との関係が拡がる、深まる

第4章の冒頭で、ブランド人格が活きる三つの市場についてふれました。築いた期待を、商品・サービスを通してのマーケティング活動に活かし、「顧客」という経営資源を創り続ける「**消費市場**」については、すでに紹介しましたが、ブランディングはそれ以外のフィールドにも拡がっています。

ブランディングの拡がりとして、まず見ておきたいのが、参画・支援者とのネットワーキング活動に活かし、「人材（人財）」という経営資源を育て続ける「**人財市場**」

についてです。

価値を共につくってくれるステークホルダーの〝人的ネットワーク開発〟

企業の価値を表す指標として、昨今は財務面の成果だけでなく、非財務面での成果が問われる時代になりました。

その中でも特に、「人的資本」への注目が高まっています。

経営資源としての「人財」は、直接雇用する従業員の質・量だけでなく、外部のネットワークも含めた「**支援者人財**」も重要な資源となります。

企業の価値を一緒に、つくってくれる人、具体化してくれる人、拡げてくれる人、時には制限してくれる人など、多くのステークホルダーに支えられ共創しながら、企業は歩みを続けます。

そうした必要な「人財」を集めるためには、「**企業人格への賛同**」が力を発揮するのです。

新しい価値観がつくられる市場の構造を探る

企業が何かを成したいとき、その価値がどうやって形成されるのでしょうか。

また、どのフェーズで誰がどのように介在しているのでしょうか。

その問いに対しては、新たな価値がつくられる世の中の構造を俯瞰《ふかん》して把握しておくことが一つの成功のカギになる、といえます。

例えば、「機能性表示食品」や「電子マネー」「オンライン診療」など、人の生活に新たな価値が浸透していく過程には、多様な機関や人が介在しています。

国の政策が示され、法律や基準が制定され、その施策を推進するための組織・団体が動き出します。

さらに、その価値を民間企業やメディアが実体化して拡大し、人々の生活においても価値を持つために、消費者の経験ポイントになるような施設や資格者が出現してくるのです。

こうした動きの構造を捉えて、「自分たちが成したいことに、誰の力が必要か？」を見極めて、企業人格のもとに、志に共感・共鳴してくれる仲間を集めていきます。

〝互いに貢献し続ける関係〟の見える化

仲間・支援者が見つかったら、その人の専門分野や具体的な活動内容を把握し、めざす関係性を明確に描き、関係構築のための活動方法を検討します。

その際に、一方的に支援してもらうだけでは関係が永続きしません。

「相手に何を支援してほしいか」と同時に、「その人の活動に企業が何を支援できるか」を考え、互いに貢献し続けられる関係をめざします。

大事なことは、これらの人財を、個々人のネットワークに留めず、「**企業人格の経営資源**」として自覚したうえで、関係を育てていくことです。

■ ステークホルダー開発視点へ（ある健康価値観の普及構造の例）

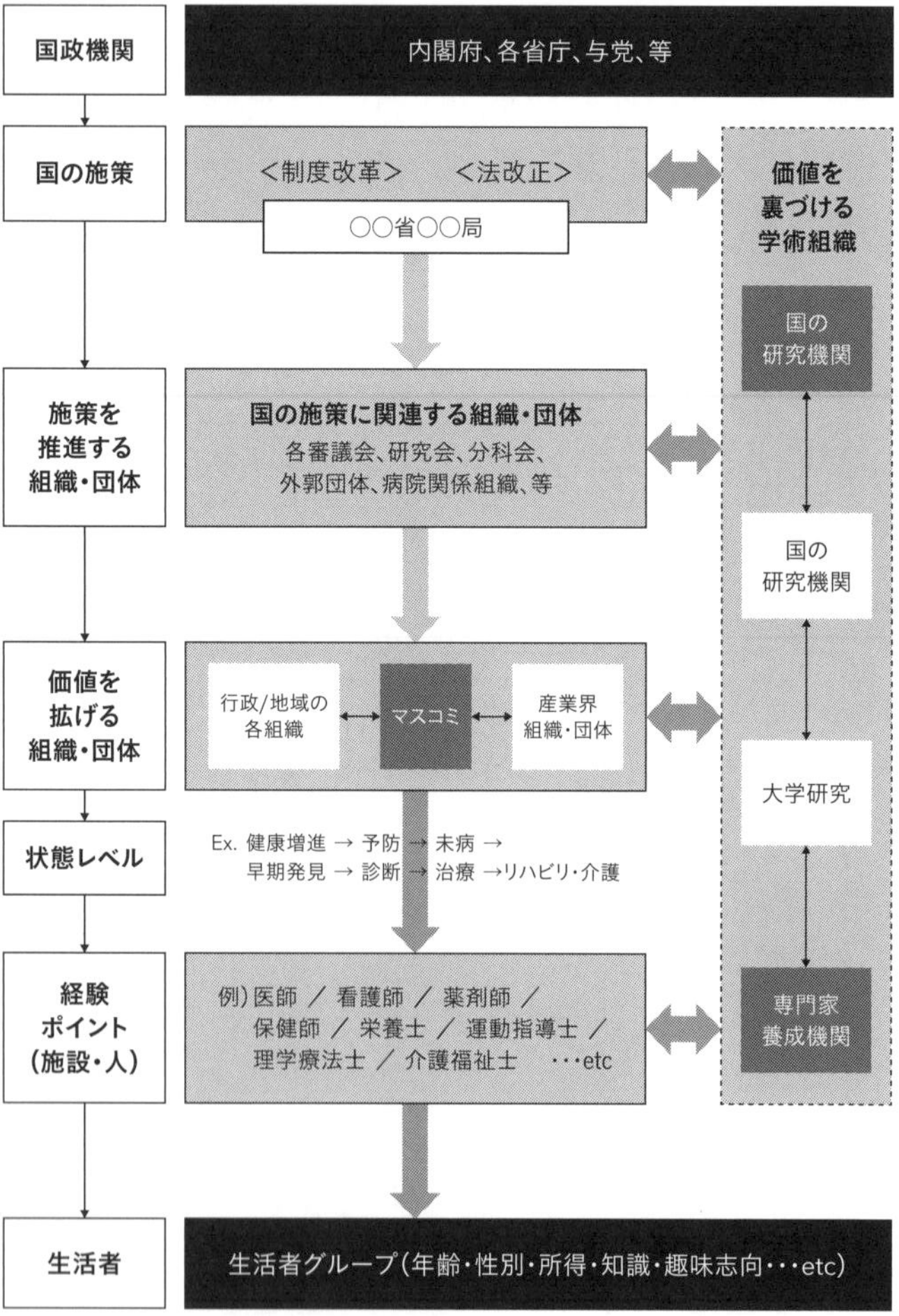

2

「株主」との関係が変わる、深まる

もう一つの拡がりとして、注目しておきたいのが「**資本市場**」です。

株主に対するＩＲ活動に活かし、「**事業資金**」という経営資源を獲得し続けるフィールドです。

「個人株主」という存在
――〝ファン株主〟〝お客様株主〟

投資家や企業環境の変化に伴い、株主と企業との間に、新たな関係が芽生えています。

ひと言でいえば、それは**「個人株主」の増加**です。

低い金利が続き銀行預金以外での運用の必要性が高まり、それに合わせるかのように株式売買ではインターネット取引、単元引下げ、ＮＩＳＡなどの環境が整備され、手軽化が進んでいます。もはや「個人投資は当たり前」という、世の中になってきました。

証券取引所の「株式分布状況調査」によれば、日本の個人株主数は年々増加し続け、延べで７千万人に迫る勢いです（参照：ＪＰＸ日本取引所グループ・２０２２年度株式分布状況調査）。

この個人株主は、配当や売買による利益目的だけではなく、その企業に興味を持ち「応援しよう」という消費者であり、支援者の側面も持っています。

期待を活かすフィールドとして、資本市場が単独で存在するのではなく、消費市場と連鎖する〝**お客様株主**〟や人財市場と連鎖する〝**ファン株主**〟という存在が生まれているのです。

その意味で、ＩＲ活動は単なる財務領域を超えた、もう一つの企業価値の創造活動へと拡がっているといえるでしょう。

投機目的だけじゃない！「ブランド人格」の支持者としての関係づくり

どんな株主と、どんな関係を築くかは、経営戦略そのものなので、一つの正解があるわけではありません。

自社の成長戦略に沿って、めざす株主像を描き出し、求める態度変容を明らかにしていきます。

■ 株主が持つ三つの顔と企業との関係

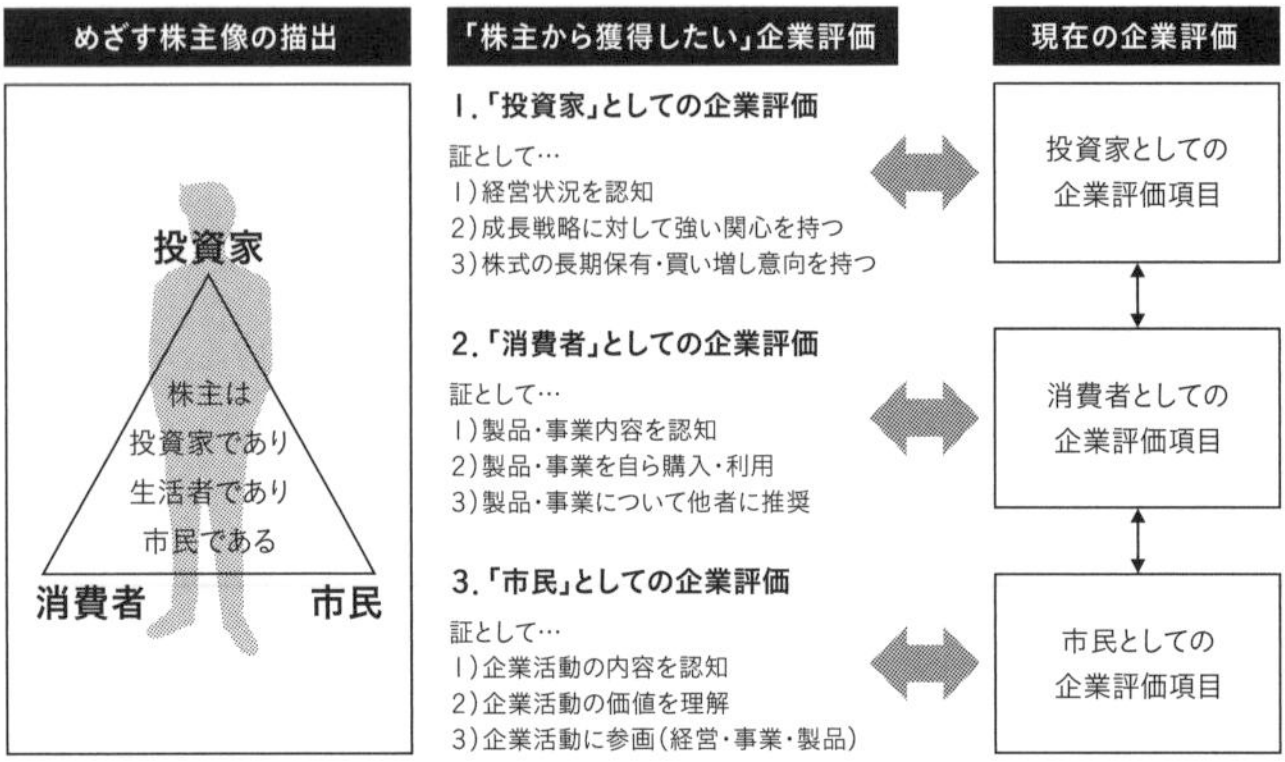

違う言い方をするなら、個人株主はいくつかの「顔」を持っているので、「企業がどの顔を引き出すか？」という戦略次第で、関係性が変わります。

A社のケース 企業戦略としての「ファン株主づくり」

いち早く企業と株主の関係性の変化に着目し、個人株主を単なる投機目的ではなく、企業を支持し応援する〝ファン株主〟になっていただこう、という戦略を掲げました。

企業人格に基づいた、存在意義と成長意志のストーリーを丁寧に説明し、また株主の意見を聴き、対話を重ねることで、徐々に支持してくださる個人株主が増え、５年で目標人数を達成しました。

今では、説明会だけでなく、工場や拠点の見学、新商品・サービスの共創、経営者との意見交換、海外拠点の視察など、さらに交流機会が多様化しています。

そのことによって、商品購入はもちろん、他の方への推奨や企業経営に意見を寄せていただくなど、株主との絆《きずな》が強固なものになり、ファン株主の存在自体がまさに企業にとっての資産となっています。

3

危機において、最も問われる「ブランド人格」

ここまでは平常時を前提に語ってきましたが、最もブランドの人格が問われるのは、危機に直面したときかもしれません。

いざという非常時にこそ、普段は見えなかった人間の器が見えるのと同じです。

あらゆるところに潜む、ブランドのリスク

ブランドを棄損しかねない、企業のリスクはあらゆるところに潜んでいます。

■実際に起きたリスクの例

- **製品**……食品の中に虫が入っているなどの異物混入のほか、賞味期限切れ、アレルギー表示ミス、O157・食中毒など
- **情報**……インターネット上に個人情報が流出する個人情報漏洩《ろうえい》のほか、データ紛失、サイト等のシステムダウン・ハッキングなど
- **広告**……広告のデザインやキャッチコピーなどに否定的な意見が出る広告批判・炎上のほか、タレント不祥事、協賛番組・イベント等のトラブルなど
- **拠点**……機械に挟まれてケガをするなどの工場事故のほか、環境汚染、施設火災、天災被害、地域住民とのトラブルなど

■リスクの洗い出し視点

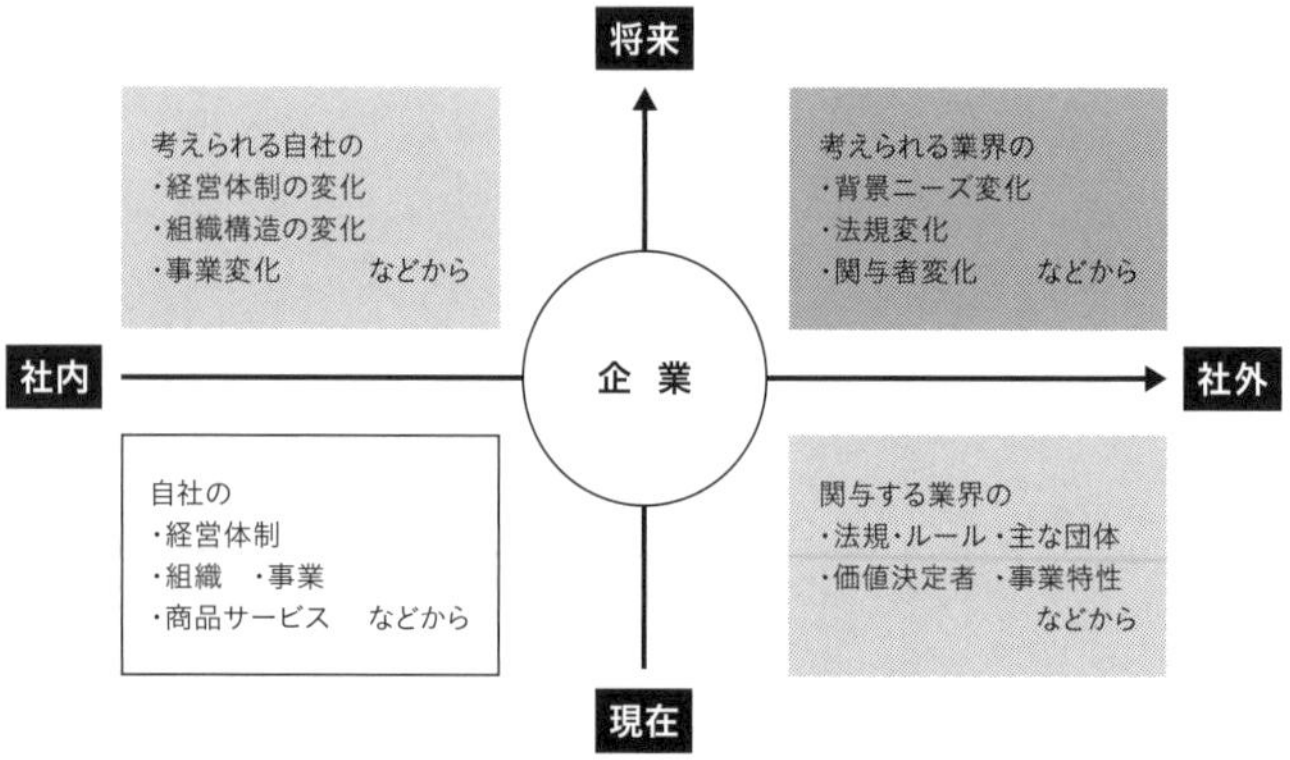

・**社員**……従業員とのハラスメントの問題などの労務問題のほか、社用車の事故、インサイダー取引、社員の不祥事など

・**経営**……会社の利益を実際よりも過大に計上する粉飾決算のほか、談合・賄賂、不正取引、経営破たん、経営者発言など

・**海外**……出張・赴任時の事故のほか、法務トラブル、テロ・政情不安への巻き込まれなど

・**感染症**……社員の感染のほか、社内クラスター、在宅勤務に伴う情報漏洩・労務管理・モチベーション低下、広告・イベント等の中止、経営悪化など

自分たちがどのようなリスクを抱えている

か、あらかじめ、経営環境や事業方針によって変化するリスクを、部署横断で抽出しておくことも大事でしょう。

クライシスマネジメントにおける五つの教訓

このようなリスクを未然に回避することはできませんが、いざ、何かクライシスな事象が起きたときには、ブランド人格を基点にして振る舞うことで、影響を最小限に留め、再起のチャンスを生み出すことができます。

少し大袈裟《おおげさ》かもしれませんが、これまで私がさまざまな企業の危機を見てきて、大事だと思う教訓をご紹介しておきます。

・クライシス時には、企業がそれまでに社会に蓄積してきた「期待」分しか、その企業に対する「許し」を受け入れてくれない。

↓平常での企業ブランディングによって、「期待」を創造しておくことが重要。

・クライシス時には、企業人格（ブランド人格）の代表者が、全権をもって社会とコミュニケーションしなければならない。

↓企業人格（ブランド人格）の自覚と代表者の役割区分を明確化しておく。

・クライシス時には、平常議論されていること以上のことは、再現されない。そのため、通常から社内の会議においては、自分たち（企業）と社会との関係について、積極的に語り合う習慣を持たなければならない。

↓企業と社会との関係を語る「事実」「言語」「態度」を持ち、共有化しておく。

・クライシス時には、その会社固有の、影響を受ける関係者（ステークホルダー）に対して、情報が正確に・過不足なく、適切な時期に届けられる仕組みを平常より設定しておく必要がある。

↓ターゲットの選定と情報伝達システムの想定が必要。

・クライシス時には、「お詫《わ》び」だけでは社会関係回復のキーは開かない。求められるのは、企業としての「責任の自覚」と「これからの約束」であり、それを支える誠実さ・勇気・率直さの証を明示していくことである。

ブランド人格再生までの対応フロー

そして、いざクライシスに直面した際の対応として、最も避けなければならないのは、起きる事象ごとに、その場その場で逐次反応してしまうことです。風評に引きずり回されて、ゴールのない迷路にはまってしまいます。

まず「発生した事実の何が問題なのか」を特定し、対応すべき相手を見定め、お詫びだけでなく、その先の再生までの道筋の全体設計を一気に描く必要があります。そのうえで、現在地の確認から、スキップしないで次の段階へと進めていきます。繰り返しになりますが、企業人格の自覚が、「どう振る舞うべきか」の判断基準になり、再生への扉を開く鍵になります。

■クライシス・マネジメントのフロー

	項目	内容
発生リスク	1.発生した事実	誰がいつ何をどのように
	2.問題化した経緯	原因→結果／因果関係の確認
	3.問題性の特定	**自社の問題性は何か**
経営対応	4.問題の影響範囲	当該事業・関連事業・企業の各レベル
	5.対応すべき相手・関係者	重点的に対応すべき相手（顧客・取引先・従業員など）と関係者の特定
	6.経営の基本スタンス	**対処の方法と具体策（お詫びだけでなく再生への約束と活動事実の開発）**
コミュニケーション対応	7.広報の影響範囲	当該事業・関連事業・企業の各レベル
	8.対応すべき相手・関係者	対応すべき相手（メディア・株主・従業員など）と関係者の特定
	9.広報の基本スタンス	**対処の方法と具体策（誰に・どのように伝えるか）**

かんたんワーク 「ブランド人格」の支援者を考えてみましょう

誰が	企業に どのように 役立ってくれるか	その相手に 企業は どのように 貢献できるか

かんたんワーク 例

誰が	企業に どのように 役立ってくれるか	その相手に 企業は どのように 貢献できるか
原料の生産者・ 仕入れ先	商品品質の基盤を つくってくれる	原料を卸している ことが誇りになる よう、お客様の声を フィードバックする
行政	健康に寄与する食 について正しい 知識・価値観を 拡げてくれる	消費現場の実態を 知らせることで、 次の政策に役立てて もらう
各国大使館	グローバルで 事業展開する際に サポートしてくれる	日本の文化や ネットワークを 提供する

おわりに――ブランディングと企業価値

私は、30余年のブランドとの関わりの中で、さまざまな企業の歩みにふれることができ、たくさんのことを教わりました。

企業を起こしたばかりのとき、経営者が交代されるとき、M&Aに踏み切られるとき、日本で初めてのファン株主政策を発表されたとき、新しい事業を立ち上げるとき、グローバルに打って出るとき……など、企業の誕生や大きな転換期の課題をいただき、そのたびにブランド人格論への新しい気づきがありました。

数々の課題をいただいた企業の皆様と、ブランド人格という概念を教えていただき一緒に磨き続けてくださった㈱大広の諸先輩方や仲間たちに、心から感謝いたします。

今回の書籍出版企画は、iU情報経営イノベーション専門職大学でのゲスト講座の機会をいただいたことがきっかけで、プロジェクトがスタートしました。iUの特任教授であり、㈱大広のビジネス・アドバイザーである徳本昌大氏と、担当の増田浩一氏には、企画、執筆、編集の各段階においてご協力いただきました。また、ベンチャー企業のブランド人格に関する事例ご提供とインタビューにおいても、両氏のご協力を得ることができました。この場を借りて、心から感謝申し上げます。

今回、長年にわたって積み重ねたその学びを思い切って棚卸しし、まとめてみました。

まとめていく中で、時代が企業に求めるものの大きな変化と、その中で企業が大事にしなければならない不変のことがある、と改めて実感します。

マーケティングの大家、F．コトラーの『Marketing 5.0』によれば、今日のマーケティングに重要なテーマは、「企業の存在意義」だそうです。「Ｗｈａｔ（何を）」でも「Ｈｏｗ（どのように）」でもなく、まず「Ｗｈｙ（何のために）」から語ることが求められ、パーパスが重視されるようになりました。

そこには、コロナ禍を経験したことも、大きく影響していると思います。

社会ルールが急速に変化し、業界の窓が解放され、一気に改革が進む中で、人々の生き方・暮らし方・働き方などの価値観や優先度が大きく変わりました。

その中で企業も、自らの「存在意義」を改めて問い直し、行動で示す必然がありました。

どんな苦難のときにも、「Ｗｈｙ（何のために）」を自問し、実践し続けることで、企業に共感し支持してくれる仲間を得ようともがき続けているのです。

そして今、「いい企業とは何か？」という、企業評価のものさし自体が変わってきました。

「業績を上げていればいい」という時代は終焉《しゅうえん》を迎え、社会価値を共創し、人の成長にも貢献する企業が生き残る時代が到来しています。

これからますます、企業の生きざまとしての「ブランド人格」への共感・共鳴が重要になってくるでしょう。

一方で、ＡＩの進化により、言語やビジュアル・動画までもが自動生成でき、タレントまでも生み出せるようになりました。

ますます、ブランドのある一部をＡＩが代替できるようになるでしょう。

しかし、それはあくまで代理であり分身なのであり、ＡＩが進化すればするほどに、基点になる「ブランド人格」がますます重要になってくると思います。

だからこそ、一つでも多くの企業が、他に替えがたい魅力ある人格を描き、終わりのない自分のストーリーを歩み続けることを願っています。


「我々はどこから来たのか？　我々は何者なのか？　我々はどこへ行くのか？

(D'oùvenons-nous? Que sommes-nous? Où allons-nous?)」

ポール＝ゴーギャン（１８９７）

■ D’où venons-nous ? Que sommes-nous ? Où allons-nous ?(Paul Gauguin)

【著者紹介】
鬼木美和（おにき・みわ）
株式会社大広 取締役執行役員／ブランディング ディレクター

九州大学文学部心理学専攻を卒業後、株式会社大広に入社。
食品企業・日用品企業のAEチームで従事したのち、マーケティング局で「企業ブランディング」の専門チームを発足。以降10年間、ブランド人格の考え方をもとに、多数の企業のブランドコミュニケーションをサポート。その後も、企業意志の可視化(＝企業ビジョン・ブランド開発）から、企業への期待づくり活動の推進（＝企業コミュニケーション開発）、その期待に応える新たな価値づくり（＝事業開発・育成）までを、統合的に手掛け続けている。

ファンを集《あつ》められる会社《かいしゃ》だけが知《し》っている「ブランド人格《じんかく》」

2024年3月25日　初版発行

著　　者	鬼木美和
発 行 者	花野井道郎
発 行 所	株式会社時事通信出版局
発　　売	株式会社時事通信社
	〒104-8178　東京都中央区銀座5-15-8
	電話03(5565)2155　https://bookpub.jiji.com/
印刷・製本	中央精版印刷株式会社

企画・編集協力	徳本昌大・増田浩一
装幀・本文デザイン	山之口正和（OKIKATA）
図 版 作 成	齋藤友貴（OKIKATA）
編集・DTP	天野里美・坂本建一郎

ISBN978-4-7887-1909-5　C0034　Printed in Japan